美军联合作战后勤保障
顶 层 设 计

王京海　刘立洁　牛文新等 / 编译

南开大学出版社

天 津

图书在版编目(CIP)数据

美军联合作战后勤保障顶层设计 / 王京海等编译
. —天津：南开大学出版社，2017.8(2023.9 重印)
ISBN 978-7-310-05439-8

Ⅰ．①美… Ⅱ．①王… Ⅲ．①联合作战－后勤保障－
研究－美国 Ⅳ．①E712.44

中国版本图书馆 CIP 数据核字(2017)第 174422 号

美军联合作战后勤保障顶层设计
MEIJUN LIANHE ZUOZHAN HOUQIN
BAOZHANG DINGCENG SHEJI

南开大学出版社出版发行
出版人：陈　敬
地址：天津市南开区卫津路 94 号　　邮政编码：300071
营销部电话：(022)23508339　营销部传真：(022)23508542
https://nkup.nankai.edu.cn

天津泰宇印务有限公司印刷　全国各地新华书店经销
2017 年 8 月第 1 版　　2023 年 9 月第 6 次印刷
210×148 毫米　32 开本　9.375 印张　232 千字
定价：47.00 元

如遇图书印装质量问题,请与本社营销部联系调换,电话:(022)23508339

策　　划　　王京海

审　　校　　王京海

编译人员　　王京海　　刘立洁　　牛文新

　　　　　　高　原　　王学哲　　王健超

　　　　　　李　铮　　李贞德

前　言

　　《美军联合作战后勤保障顶层设计》是美军高层根据未来联合作战的需要，在认真吸收以往实战经验教训的基础上制定出的一份指导美军联合作战后勤保障的纲领性文件，是美军战区联合作战后勤保障的基本遵循和法规。冷战后，特别是海湾战争以后，美军通过各种联合、联军演习和实战，不断研究、探索和改进信息化条件下联合作战后勤保障的指挥体制、保障原则、责权划分、运行模式和保障方式，形成了比较完备的后勤保障理论体系，并在多次实战中得到应用。为借鉴美军联合作战后勤保障的有益经验和做法，促进我军联合作战后勤保障理论研究，并在联合作战后勤保障实践中尽快形成保障力，我们组织翻译了《美军联合作战后勤保障顶层设计》一书。

　　全书由《美军联合作战后勤保障顶层设计》《美军联合作战工程保障顶层设计》和《美军联合作战财务管理保障顶层设计》三个文件组合而成。第一份文件是对美军联合作战后勤保障的总体设计和规划，由联合作战后勤保障的权限和职责、后勤保障原则、后勤计划制定、战区联合作战后勤保障的组织实施和战区承包商保障等六部分组成。后两份是美军联合作战后勤保障专门法规文件。《美军联合作战工程保障顶层设计》由导言、指挥与控制、制订计划时考虑的因素、土木工程保障作业、土木工程能力以及环保准则等六部分组成，系统全面地论述了工程保障在联合作战中的地位、功能及使命，工程保障中的指挥与控制、机构设置、机构间的隶属关系及职责，制订工程保障计划时需考虑的因素，联合作战各阶段工程保障的主要内容，海陆空各军种所拥有的工程保障能力，以及联合作战中需遵守的环保法规和要求等内容。《美军联合作战财务管理保障顶层设计》由概述、角色、职能与组织、管理资源和财务保障等四部分组成，对美军联合作战财务管理保障的指导思想、目标原则、组织机构、职责权限及运行模式进行了系统阐述。

《美军联合作战后勤保障顶层设计》是指导美军在联合作战条件下实施后勤保障的纲领性文件和法规，理论先进、可操作性较强，对我军未来实施战区联合作战后勤保障具有重要的参考借鉴价值。故全书译出，供军委机关、军种和各战区指战员阅读、研究和参考。

书中涉及的专业术语较多，理论性强，加之时间仓促，译文难免存有不当之处，请读者批评指正。

译　者

2016 年 1 月

目　录

上编　美军联合作战后勤保障顶层设计

中编　美军联合作战工程保障顶层设计

下编　美军联合作战财务管理保障顶层设计

绪 论

一、范围

第 4-0 号联合出版物是联合作战后勤保障文件系列中的基础文件。它为联合作战和多国（盟军和联军）作战的后勤保障规定了基本的理论原则。

二、目的

本出版物是在参谋长联席会议主席指导下编写的。它阐述了管理美国武装部队在联合作战中的联合活动与行为的理论原则，提出了美军参与多国行动和部门行动的理论依据。它为联合司令部总司令及其联合部队指挥官行使职权提供军事指导，并为联合作战和训练规定了理论原则。它还在武装部队拟定其有关计划时提供军事指南。各联合司令部总司令有权按照他们认为最适宜于在完成全局任务时确保行动统一的方式来编组兵力和执行任务。本出版物无意限制他们的这种权力。

三、应用

（1）本出版物制定的理论原则和指南,适用于各联合司令部、下属联合司令部、联合特遣部队和这些司令部下属军种部队的指挥官们使用。当某个军种的大量部队被配属给另一军种的部队时，或当某个军种的大量部队支援另一军种的部队时，这些原则和指南也是适用的。

（2）本出版物中的理论原则具有权威性，除非司令官认为情况特殊，否则必须予以遵守。如果本出版物的内容与军种出版物的内容发生冲突，联合部队的行动应以本出版物为准，除非参联会主席在同其成员协商后作出了更新和更具体的指示。作为多国（盟军或联军）军事司令部之组成部分进行作战的美军部队司令官应该遵循经美国认可的多国行动原则和程序。对于未经美国认可的行动原则和程序，司令官们应加以评估，并吸收遵循其合理适用的部分。

四、执行概要

1. 总司令的主要职责

（1）规定后勤工作的权限和职责。

（2）提出后勤原则和注意事项。

（3）部署后勤计划工作。

（4）对战区后勤予以指导。

2. 后勤概述

后勤是在执行国家安全政策时，计划与实施部队作战之投送、运输、维持、重组和重新部署的过程。它关乎战略、战役和战术之持续保障行动在战区范围内的有效整合，及人员、装备和补给品的动员与部署，以保证联合司令部总司令用兵谋略的实现。军队施压于敌之相对战斗力受到国家筹划、获取兵力与物资，并在整个军事行动范围内将其投送到所需地点的能力的制约。后勤包括补给、维修、运输、土木工程、卫生勤务和其他勤务等六大职能。

补给是指，采购、管理、接收、储存和发放作战部队从部署、作战到再部署的全过程中所需的物资和装备。维修是指为使物资器材处于可用状态、或恢复其使用和改进其性能而采取的各种行动。运输是指把部队、人员、装备和补给品从源头输送到最终目的地的行动。土木工程是指实施设备、公路、公共设施和后勤基础设施的施工、保养和维修等行动。卫生勤务是指诸如医疗后送、住院治疗、卫材供应、医疗检验、供血管理、病媒控制、疾病预防、兽医和牙医等勤务。其他勤务是指，由勤务部队和后勤机构为部队的技术管理和保障所提供的必需的各种非物质保障活动，如洗衣、沐浴、法律咨询和殡葬服务等。

3. 联合战区后勤的职责

（1）联合司令部总司令行使对后勤的指挥权。

联合司令部总司令行使对后勤的指挥权，包括对下级指挥官发布指令和对所属部队拥有指挥权。这其中包括对后勤的指挥权，它使联合司令部总司令拥有在战区内转移后勤资源的独特能力。这一指挥权可确保业已批准的行动计划得以有效执行，确保行动的实效性与经济性，以及防止或消除不必要的设施重复建设和职能重叠设计。此外，它还可促进各方就后勤保障事宜进行协调，使联合部队军种司令部在支援联合司令部总司令时保持相互间的配合。

（2）各军种和联合部队军种司令部执行后勤职能。

后勤职能的执行和实施是各军种和联合部队军种部队指挥官的职责。

（3）军种自身后勤保障由本军种提供。

除按照与国家机构或盟国的协议，或者按照共同服务、联合服务或交叉服务的规定另行提供后勤保障外，各军种部队自身的后勤保障一律由本军种负责。

（4）联合司令部总司令确定优先顺序。

联合司令部总司令负责审查下级军种司令部的需求，并根据业已批准的应急计划和危机行动计划，来确定有效使用补给品、设施、运力和人员的优先顺序。

（5）下属联合部队通常应遵循单一军种后勤保障模式。

除非把联合司令部下属部队分派给司令部的主管机构或国防部长另有具体指示，或者共同服务、联合服务、交叉服务或军种间服务的协议与规程提出了别的职责，或者联合司令部总司令授予某一下属联合部队指挥官，在其联合战区内对某种通用保障拥有指挥权外，联合司令部下属部队后勤应遵循单一军种后勤保障模式。

（6）联合司令部总司令在其下属军种司令部间负责协调补给事宜。

联合司令部总司令的主要职责是，负责分配紧缺资源，规定补给品集结量，核准战区物资储备标准，及在其下属军种司令部间负责协调补给事宜。

（7）军种后勤保障由战区下属军种司令部指挥官负责。

战区下属军种部队指挥官负责其部队的后勤保障，此外还负责就后勤保障事宜与相应指挥机构进行协调。

（8）多国（盟军或联军）部队建制后勤保障力量有限，通常需要非建制后勤保障力量予以补充。

在多国（盟军或联军）行动中，虽然各国最终都要为其本国部队提供后勤保障，但各参与国部队建制后勤保障力量有限，后勤保障能力相差悬殊。大量后勤保障要由诸如承包商、东道国或其他参与国的非建制后勤保障力量完成。因此，这种超出建制保障能力的后勤需求应在计划制定阶段写明。此外还应考虑各盟国和同盟伙伴国为多国行动提供后勤保障的能力。联合司令部总司令应据此致力于谈判和缔结采办与交叉服务协议和做出满足危机时刻需求的相关安排。

4

（9）文职人员补给品的保障由联合司令部总司令负责。

联合司令部总司令负责按照现行指令与合约以及美国承认的条约为战区内的国防部文职人员提供补给品保障。

（10）联合司令部总司令负责就配送网络的维护、装备维修与救援、工程建筑、基地建设、卫生勤务及其他勤务等事宜与有关方面进行协调。

联合司令部总司令的主要职责是：维持高效的配送网络，保持人员、物资和装备的可视性，并对其实施有效管控；就装备维修与救援、基地建设、不动产需求、建筑施工和道路养护、桥梁以及公共设施事宜与有关方面进行协调；整合卫勤保障力量，就战区内死亡人员的搜索、识别、照管、后送或处理等卫勤保障事宜与有关方面进行协调。各军种通常负责为购置设施提供资金保障。应急行动中，在某一特定地域或基地，通常指定一个军种或代理机构负责所有军种的基地化后勤保障。这样，该军种或代理机构就要负责为所有军种提供购置设施所需的资金。

（11）战略通用空中、地面和海上运输勤务保障由美国运输司令部司令提供。

美国运输司令部司令负有提供通用空中、地面和海上运输勤务保障之职责，以部署、运用、维持和重新部署军队，从而在军事行动全过程中达成国家安全目标。部队的运输需求和所要求的运送日期具体由联合司令部总司令和美国运输司令部司令协商决定。联合司令部总司令享有对隶属或配属于战区的军种运力的指挥权。

4. 制定联合后勤计划

（1）联合司令部总司令作战计划的实施应由经过各级协调好的后勤保障措施来保证。

制定周密的后勤计划将减少对应急措施和权宜对策的依赖，而制定这样的措施和对策通常代价昂贵，往往会给下属和友邻司令部带来负面影响。各联合司令部总司令与美国运输司令部通过优化兵力运输计划，从而实现联合部队运输量平衡。运输量平衡通常包括两部分内容：一是被运送部队兵力构成平衡；二是三军部队运输量平衡。在考虑运输量平衡的同时，也要考虑战区配送与联合接收、集中、运送与集合的能力。后勤计划人员必须注重紧密衔接的部署、配送和持续保障等各环节的计划制定，以使用兵设想得以实现。

（2）战略、战役和战术各级均应制定后勤计划。

联合司令部总司令制定战略后勤计划的重点是，要确保有能力调集部队和物资器材，并将其运到战区基地和理想的战役位置。战役后勤计划的制定由战区所在基地完成。战术后勤计划的制定则主要由联合部队军种司令部承担。

（3）制定后勤计划注意事项主要涉及扩充部队的需求、紧缺物资、薄弱环节、运输控制和民间补给品来源等内容。

计划人员必须对后勤保障所涉及的关键问题进行鉴定和评估。这些问题包括：因扩充部队而增大了的需求，紧缺补给品、物资流动所受到的限制，对所有运输工具（包括由盟国和东道国提供的运输工具）的控制，重要基础设施的防护，以及从民间、联军和盟军获取补给品等内容。

（4）在填补作战与后勤缺口时，联合司令部总司令的影响至关重要。

联合司令部总司令必须确保其作战计划具有充分整合作战与后勤的能力。

（5）建立后勤系统，整合战区间和战区内的运输资源。

后勤系统包括部队的投送、运输、维持、重建和重新部署。在制订计划期间涉及运输的关键领域有：交通线、战区运输网络、专业化部队、盟军和联军保障、难民保障和运输，以及东道国支援等。建立后勤系统时考虑的因素有：后勤来源、配送、地理、气候、运输、后勤能力、资产可视性、战区内的后勤资源、现有后勤设施的可用性、购买、租借或兴建其他设施的备选方案、后勤基础设施的防护、保障梯队、承包商保障、职责划分，以及有无东道国保障等。

（6）战区战略后勤构想源于对一个或多个行动方针的后勤保障能力的评估。

战区后勤构想应从对一个或多个行动方针的后勤保障能力的评估中产生。后勤计划人员在评估中考虑的主要因素，就是联合司令部总司令各下属军种司令部有多少能力和资源可被用于提供补给、维修、运输、卫生和工程等勤务。

五、结论

后勤是战斗力的基础。联合司令部总司令对后勤行使指挥权。这包括对下属指挥官发布指令（包括平时措施）的权力。这些指令（措施）是确保经过核准的作战计划能被有效执行所必需的。指令特别强调后勤保障行动的实效性和经济性，要防止或消除联合部队军种司令部之间不必要的设施重复建设和职能重叠现象。在作战的各个阶段，联合司令部总司令作战计划的后勤保障措施必须不断更新。

上　编

美军联合作战后勤保障顶层设计

第一章　后勤保障的权限和职责

　　战略之于战争，犹如情节之于戏剧；战术可比之为演员扮演的角色；后勤则先当于舞台管理、置办道具及担当演出的种种维持工作。对剧中情节和表演艺术激动不已的观众，往往会忽略隐藏得很巧妙的舞台管理的各种细节。

　　　　　　　　——乔治·C. 索普中校（《理论后勤学》，1917年）

一、概述

1. 后勤

　　后勤是计划和实施部队运动与维持的科学。广义上讲，后勤在军事行动中主要涉及以下内容：物资器材的研发、采办、储存、运输、配送、维修、后送和处理；人员的运输、后送和住院治疗；设施的承包或建造、维修、运营和处理；劳务的获取或提供。后勤的主要领域见表1-1。

表 1-1　后勤的主要领域

后勤的主要领域			
物资器材	设施	人员	勤务
研发 采办 储存 运输 配送 维修 后送 处理	承包或建造 维修 运营 处理	运输 后送 住院治疗	承包或提供

后勤学关乎战略、战役和战术之持续保障行动在战区范围内的有效整合，以及人员、装备和补给品的动员与部署，以保证联合司令部总司令用兵方针的实施。军队施压于敌之相对战斗力，是由国家筹划、获取兵力与物资器材，并在整个军事行动中将其送到所需地点的能力所促成的。从历史上看，国家输送后勤资源的能力在军事行动中至关重要。

2. 后勤保障的层级

联合条令指出，战争有三个相互关联的层级——战略、战役和战术。无论战时和平时的行动，这三个级层都存在。联合参谋部和军种参谋部属于战略层级，主要关注战略后勤事务。联合司令部总司令以及提供保障的司令部和机构将战略级和战役级后勤融为一体，以保障其受领任务完成。下属指挥官将战役级和战术级后勤整合到一起，以完成联合司令部总司令下达的任务。战略、战役和战术后勤三者整合为一个单一的后勤系统，把国家经济与作战部队连接起来。

3. 后勤职能

后勤保障涉及六大职能领域，即补给、维修、运输、土木工程、卫生勤务和其他勤务。

（1）补给

负责采购、管理、接收、储存和发放作战部队从部署、作战到再部署的全过程中所需要的装备和持续保障所需的物质器材。

（2）维修

为保持装备器材的可用状态、恢复其使用或改进与提高其性能而采取的行动。

（3）运输

部队、人员、装备和补给品从起点到终点的输送行动。

（4）土木工程

根据联合司令部总司令的要求，为部队提供住房、库房、医院，进行污水处理，以及水和燃料储备的分发以加强持续保障和各种勤务所需设施的建造、修理、运营与维护等活动。

（5）卫生勤务

主要包括伤病员后送、初步救护、住院治疗、卫材供应、卫生检验、供血管理、病媒控制、部队保健、卫生预防、兽医、牙医以及实施卫勤保障所需的指挥、控制和通信等内容。

（6）其他勤务

由勤务部队和后勤机关负责提供的非物质性保障活动，主要包括：餐饮、住宿、衣物缝补、服装发放、洗衣、淋浴、邮政、财务、人事管理、宗教和殡葬事务等内容。海军陆战队将洗衣和淋浴归入"工程类"，将衣物缝补纳入"维修类"。

4. 联合保障职责与要求

联合司令部总司令对其所属部队拥有指挥权。这其中也包括对后勤的指挥权，它赋予联合司令部总司令在战区内调动后勤资源的权力。无论对所属部队还是对国防部长指定的部队，这种指挥都使联合司令部总司令拥有指挥为完成任务所必需的后勤资源的法定权力。通常，此权力通过下属联合部队司令官和下属军种部队指挥官行使。联合司令部总司令的权力不会削弱各军种对其自身部队提供保障的职责。联合司令部总司令的权力一般都限于战区之内，战区外的后勤保障通常由各军种负责。战争中，当情况需要时，联合司令部总司令有权指挥其下属军种司令部进行器材或装备调配。任务结束后，调配的器材和装备是要偿还的。联合司令部总司令在对后勤行使指挥权时强调，司令部、各军种、保障机构和盟军之间在实施后勤保障前要加强协调，制定精准的后勤计划。保障通常涉及后勤，它是指一支部队援助、保护、补充或维持另一支部队的行动。它可能包括服务、资源和战斗力的提供，但不包括兵力或部队的调动。保障按方式可分为相互保障、全般保障、直接保障和近距离保障。0-2 号联合出版物《武装部队联合行动》还阐述了权限协调、行政控制和直接联络授权等概念。

5. 多国（盟军和联军）后勤保障的职责和要求

对于临时联合体和盟军联合司令部而言，为指挥和控制做出正式安排是不可行的，但联合指挥的关系和程序给了美国各联合司令部总司令参与多国关系的地位。未经国家指挥当局指示，各联合司令部总司令不得参与有悖于美国政策的多国关系。各盟国和临时联合体参与国设计各自的后勤系统，以便在其财力限度内实现自给保障。尽管各国部队的后勤保障由各国自己负责，但也可指望在盟国之间相互提供不同程度的后勤支援。盟国或临时联合体成员国之间调剂后勤保障力量可显著节省后勤资源。但是，如果没有相应的国际协议，各联合司令部总司令无权向盟国或临时联合体提供后勤保障或接受他们的保障。在这种情况下，多国部队指挥官应运用交际策略、外交手段，凭借对盟军条令的了解以及与盟军和临时联合体下属指挥官和政治领导人良好的私人关系，最大限度取得对后勤的控制。各联合司令部总司令保障的或处在他控制之下的多国部队的需求，应由有关下属军种部队指挥官审查，然后分别上报各联合司令部的后勤助理参谋长。各联合司令部总司令负责拟定报告，将需求量上报参联会主席，以便由国家指挥当局批准向多国部队提供保障。各联合司令部总司令应确保按照规定的责任和国家指挥当局的指示向多国部队提供援助。

6. 后勤过程要素

对于后勤的每一职能领域，各联合司令部总司令都应考虑后勤过程的四个要素：采购、配送、维持和处理。这些要素适用于军事行动（包括多国行动）全过程中计划的制定与执行。战区战略后勤应予考虑的事项包括：建立作战部队并维持其作战行动所需的后勤资源；及时进行采购以确保随时有后勤资源可用；向所属部队分配现有后勤资源；建立和保持为最有效地完成任务所必需的配送系统（见表 1-2）。

表 1-2　战区战略后勤应考虑的事项

战区战略后勤应考虑的事项
建立作战部队并维持其作战行动所需的后勤资源；
及时进行采购以确保随时有后勤资源可用；
向所属部队分配现有后勤资源；
建立和保持为最有效地执行任务所必需的配送系统。

　　战区战役后勤应考虑的事项主要是：确定战役需求和使用资源的优先顺序。各联合司令部总司令应当懂得，这些职能在定义和运用上将会有所不同，因此应当分别制定计划，在不妨碍运作的情况下应尽力使这些职能标准化。凡有可能，应尽量使用军种部队关于后勤职能的现行政策和程序。如不能使用军种现行政策和程序，各联合司令部总司令应在计划之初就与军种指挥官一起查实并解决分歧，以便确定战区内能在多大程度上提供不间断的后勤保障。这些程序应适应于各种军事行动。为确保联合作战能有充分的后勤保障，对保障政策和程序的修改最好能事先予以周密筹划，并通过联合军演进行检验和完善。

二、职责

　　我不知道马歇尔总是在谈论的这个"后勤"是什么，但是我需要有些后勤。
　　　　　　　　——海军五星上将 E.J. 金（《致一参谋军官》）

1. 权限与控制
　　（1）各联合司令部总司令可行使后勤指挥权（或向下授予对统一保障能力的指挥权）。其后勤指挥权限，包括对下级指挥官发布指示的权限。在这些指示中可以提出为达成下述目标而应在平时采取的措施：

有效执行业已批准的作战计划；

达成行动的有效性和经济性；

努力规避作战风险；

防止或消除各军种部队之间不必要的设施重复建设和职能重叠现象。

（2）上述指挥权限的赋予不应导致以下后果：

使军种不再承担后勤保障职责；

妨碍以磋商和协议为手段进行协调；

破坏有效的保障程序，以及对设施或机构的有效利用。

（3）除非国防部长另有指示，各军种部应按下列原则对隶属或配属于联合司令部的军种部队继续承担后勤和行政保障责任：

在平时条件下，各联合司令部总司令承担的后勤和行政职责范围应与法律所赋予的平时限制、国防部政策或条例、经费方面的考虑、当地条件以及国防部长或者参联会主席规定的其他具体条件一致。当上述因素使军种部队指挥官无法执行各联合司令部总司令的指示时，通常应将各联合司令部总司令的意见和建议连同有关军种部队指挥官的看法提交有关的军种部考虑。如果有关军种部不能及时解决问题，各联合司令部总司令应通过参联会主席将问题上报国防部长。

在危机或战时条件下，以及在有必要改变正常后勤程序的紧急情况下，各联合司令部总司令的后勤和行政权限使其能够根据需要利用所属部队的各种设施和物资去完成其任务。

（4）各联合司令部总司令应在其职责范围内对于那些同其作战能力或持续保障能力有重大利益关系的军种后勤计划（如基地调整、部队驻扎等）行使审批权。当各联合司令部总司令不同意军种提出的后勤计划措施，而各联合司令部总司令与军种指挥官之间通过采取行动和进行协调也未能达成适合各方的安排时，各联合司令部总司令可以经由参谋长联席会议主席将问题提交国防部长裁决。

2. 实施和执行

后勤职能的实施和执行仍然是各军种部、美国特种作战司令部和军种部队指挥官的责任。各联合司令部总司令将指导后勤保障以协调对联合部队的保障行动。

（1）各联合司令部总司令应向下级司令部和部队发出执行各自司令部受领的任务所必需的权威性指示，具体包括有关军事行动、联合训练和后勤保障方面的权威性指示。

（2）在行使后勤指挥权力时，各联合司令部总司令应对战区内部署的部队和东道国或多国后勤保障能力以及现有承包商保障能力进行评估。

（3）各军种均负责其本身部队的后勤保障。除非依据与国家机关或盟国达成的协议，或按照有关统一保障、联合保障或交叉保障的规定另有安排。各联合司令部总司令判定在战区或某一指定作战地域内实行统一保障是有利的。若如此，他就可授权作为主要用户的军种部队负责向战区或指定地域内的各军种部队提供或协调该项保障。无论在制定周密计划还是危机计划时，各军种司令部都要查明保障需求，并尽快将这些需求通知实施保障的军种司令部。

（4）特种作战部队的后勤保障由其所属军种提供。除非别处另有保障协议或别的指令，否则无论需要保障的特种作战部队是隶属于联合部队军种司令部、战区特种作战司令部、联合部队特种作战单位指挥官、联合特种作战特遣队还是联合心理战特遣队，这种保障关系始终不变。特种作战部队后勤保障主要涉及补给、维修、运输、卫勤和设施等勤务的维持与补充。美国特种作战司令部司令负责研发和采办特种作战专用的装备、器材和补给品。

所谓特种作战所需的专用装备、器材和补给品，是指那些仅为满足特种作战部队需要而提供的装备、器材和物资。

（5）联合部队指挥官应就部队转隶及其保障问题给所属军种部队以相应的指示。在战时或危机条件下，联合部队指挥官可根据需要下达转换职能的指示。这一指示权限的规定并非要免除军种提供后勤保障的责任。应尽一切努力，通过与军种部队司令部协调，或直接与有关军种的总部协调，取得军种的同意。在任何情况下，实行这种包括行政和程序方面的转换，都是有关军种部队指挥官的职责。各联合司令部总司令保留监督和解决问题的责任。

（6）各联合司令部下属部队的后勤保障责任，应遵循单一军种指挥渠道，但下述情况例外：当国防部长或把那些下属部队配属给联合司令部的主管机构另有明确规定时；当统一保障、联合保障或交叉保障的协议与程序对职责有其他规定时。

在下属联合部队指挥官的联合作战地域内，可授予对于统一保障的指挥权。

3．职能

（1）补给

①协调补给保障

各联合司令部总司令负责在其各下属军种司令部之间有效地协调补给保障、确定补给品集结量，规定战区储备标准。此外，还负责按国务院要求并与其合作为非作战行动提供补给品。当统一保障能够实际减少工作量时，可指定某一军种部队（通常是主要用户）负责通用物资的保障。战区内的紧缺后勤资源分配也由各联合司令部总司令负责。他们必须确保让所属部队按照国防部长、各军种部长和各军种指挥官的现行指示拟定和提交其需求量报告（包括相互保障安排和有关的军种保障协议）。

18

②军种部队指挥官

在从属于各联合司令部总司令的上述职责与权限的前提下，军种部队指挥官负责其所属部队的后勤保障，并负责就一切补给事宜和有关的需求（诸如向责任区部署补给品、器材和装备等），同本军种的相关司令部直接联系。军种部队指挥官要随时将关系到部队战备的补给状况报告给各联合司令部总司令。

表1-3　各联合司令部总司令的补给职责

各联合司令部总司令的补给职责
1. 协调补给保障
2. 确定补给品集结量
3. 规定战区储备标准
4. 分配紧缺后勤资源
5. 审查需求量报表
6. 向民众提供补给品
7. 提出分阶段集结和消减的顺序建议
8. 保持通用物资的可视性
9. 将可修品送往修理机构

③下属部队指挥官

下属部队指挥官可被赋予向战区或指定地区内的其他军种部队或人员提供补给保障的任务。

④对民众的补给保障

各联合司令部总司令负责按照现行指示、美国承认的义务和条约，向占领区民众提供补给品。

⑤安全援助

各联合司令部总司令应在其战区内查明地区安全援助所需的最低装备器材需求量，汇总战时需求并区分其保障优先顺序。

⑥分阶段集结和削减的顺序

各联合司令部总司令负责向参联会主席提出关于完成任务所

必需的补给品、设施和组织机构分阶段集结和消减的顺序的建议。

（2）维修和救援

各联合司令部总司令负责协调战区内的维修和救助。在可行的情况下，应建立联合使用或由不同军种交叉使用的维修设备，还应强调军种间调剂使用救援设备。但各军种专用装备的维修保障仍由军种部队指挥官负责。在确定维修保障的优先顺序时，应以能迅速恢复战备状态的、完成任务所必不可少的武器系统为重点。有效的维修计划（包括预防性维修）能最大限度地减少大件装备的后送和补给需求，并增强毁损维修能力。

4. 运 输

（1）战略运输

美国运输司令部司令的使命，是在各种军事行动中为部署、使用和维持军事力量达成国家安全目标提供战略性的陆、海、空运输保障。具体而言，美国运输司令部司令既是运输力量的管理者，又是战区运输保障力量的提供者。也就是说，对于战区间的空运和海运力量，各联合司令部总司令通常只有使用权，而指挥管理权在美国运输司令部司令手里。各联合司令部总司令与美国运输司令部司令协调其运输需求和所要求的运送日期，运输司令部司令通过其下属各运输司令部提供一个从起点到战区终点完备的运输系统。该系统要有效地使用军队运力和商业运力。到达战区初始目的地后，运输系统须同战区诸军种或盟国的联合配送网络进行有效对接。战区配送网络应充分利用隶属或配属于战区军种司令部的运力实施运输保障。在接到各联合司令部总司令的运输申请后，美国运输司令部司令可使用军队运力或商业运力，以专用特快运输的方式，将部队急需的、需优先供应的物资送达战区。最后，美国运输司令部司令有权通过其各下属军种司令部，在法律容许范围内获取商业运输服务，并在经国防部长批准后启用预备役民航机队、第一类预备役舰队、海运战备计划和应急反应计划。

①空中机动司令部、军事海运司令部、军事交通管理司令部的运输设施和补给品

空中机动司令部、军事海运司令部、军事交通管理司令部的运输设施和补给品，凡未划归各联合司令部总司令的，通常排除在其后勤管辖权限之外。各联合司令部总司令应将其改进现有设施和建立新运输设施的需求和优先顺序传达给下属军种部队指挥官和美国运输司令部司令。

②空港与海港

美国本土以外的大部分空港和海港都是由东道国运营与控制的，但可得到美国部队的加强。战时，各军种应对其所属部队装备和设备的装载与卸载负主要责任。空中机动司令部的职责和用该司令部建制飞机或受其控制飞机运送部队的职责，已写入多军种联合出版物中。

（2）部署和重新部署

在部队实施部署行动时，提供保障的指挥官的职责是，了解情况、制定计划、并发布完成任务的指令。该任务指令要求将兵力输送到指定的联合作战地域。兵力输送的源头可能是美国本土、另一战区或战区的某一基地。当某部队抵达指定地点并按各联合司令部总司令的要求做好作战准备后，部署过程即告结束。联合部署过程是一项涉及内容很广、程序十分复杂的战略部署行动，共分4个阶段，只有彼此加以协调，才能确保兵力和装备部署的紧密连贯。这4个阶段是：部署前准备、输送至装载港、输送至装卸港以及联合接收、集中、运送与集合。当某部队完成部署后，它要么返回原驻地，要么部署到战区内或战区外的另一联合作战地域。部队的重新部署也分4个阶段，其内容和程序与部署行动同。

（3）土木工程

土木工程在后勤计划与作业中发挥着重要的作用，是联合作

战计划过程的有机组成部分。制定土木工程计划时，应首先搞清楚基地建设、基础设施、部队驻扎以及不动产的需求，继而建立保障军队履行义务所必需的土木工程能力。土木工程除一般保障内容外，还涉及环保作业、消防、爆炸物处理、水净化与处理以及部队防护建筑保障等内容。上述土木工程需求和保障内容均列入各联合司令部总司令制定的作战计划中的《通用土木工程保障计划》中。土木工程部队的保障能力一旦得到充分利用，必将成为提高部队战斗力的力量倍增器。在可能的范围内，在实施土木工程保障时应最大程度地考虑环保要求。

①基地的建立

各联合司令部总司令负责建立完成任务所必需的基地。

②设施和部队驻扎需求

土木工程要根据预期的作战要求、时间的长短和部队的规模来优化配置设施和部队驻扎资源。对于不具备发电能力和其他公共事业保障的单位来说，在进行部队驻扎分析时要考虑这方面的需求。

③设施建筑

各联合司令部总司令负责为保障任务完成所必需的道路、桥梁和设施的建筑规定优先顺序，制定计划和进行协调。联合司令部总司令的工程和后勤部门要相互合作，为战区后勤基础设施的建设提出优先顺序。海外地区应急建筑项目的申请须经各联合司令部总司令批准。此外，完成任务所需设施的规划安排由各联合司令部总司令确定优先顺序。

④不动产需求

土木工程包括不动产的管理，即从不动产的获取开始到军事行动结束时土地和设施的归还为止的整个过程。各联合司令部总司令负责协调战区内的不动产需求。应最大限度地鼓励在各军种之间调剂使用不动产。对在增添不动产的问题上出现的相互冲突的需求，以及对现有不动产的互不兼容的使用，各联合司令部总司令应负责予以解决。

⑤设施分配

各军种通常为设施筹建提供资金和保障。各联合司令部总司令应确保分配给各军种部队设施以满足战区战役战术必不可少的最低需求。根据任务需要，各联合司令部总司令有权决定在各军种部队之间临时性地调剂使用设施。应最大限度地使用当地设施，在占领区尤其如此。

⑥环境保障

各联合司令部总司令对其责任区内军事行动的环境保护负有责任。土木工程部队负责为联合司令部总司令提供环境保障。就环保而言，涉及的主要内容有：危险物资的采购、运输、储存和分配，以及对危险物资和废弃物的处理等。对适用的美国法律和条例、国防部条例、国际法和东道国法律、国际条款和公约、部队地位协定，以及在军事行动终止时对污染站点采取的补救措施等因素，均应予以考虑。

（4）卫生勤务

各联合司令部总司令负责协调和统一本战区内的卫勤保障。只要切实可行，就应由各军种联合使用现有的卫勤力量，以保障战略和战役方针的贯彻执行。各联合司令部总司令应确保其卫生系统达成以下目标：使伤病员返回尽可能靠前的岗位；对战区后送政策规定期限内不能返回岗位的伤病员，应稳定其伤（病）情，并尽快后送。

（5）殡葬事务

根据国家指挥当局的指示，参联会主席负责给各联合司令部总司令提供指南和政策。各联合司令部总司令根据参联会主席提供的政策制定执行计划。各联合司令部总司令负责本战区内死亡人员遗体的搜寻、回收、识别、料理、后送或处理。其职责范围不限于美军死亡人员，还包括盟国、第三国和敌国的死亡者。出于人道、卫生和士气方面的考虑，上述职责还延伸到当地民众。各联合司令部总司令负责控制和协调本战区内的殡葬事务。这一职责也适应于平时出现大量伤亡的事故。

（6）其他勤务

其他勤务由战区军种司令部指挥官责成其下属人员负责。其他勤务保障主要涉及膳食、销售、住宿、纺织品缝补、服装发放、洗衣、淋浴、宗教、邮政和金融服务等内容。

5. 后勤过程要素

（1）采办

后勤采办通常是国家、国防后勤局和各军种的职责。目前，各联合司令部总司令对军种的采办只能施加间接的影响。他们通过向参联会主席、各军种或国防规划资源委员会发送一系列报告和文电（如一体化优先顺序清单、关键物资清单和国防预算问题等）来影响预算系统。联合司令部总司令在计划、规划和预算系统中的作用正在发生变化，未来的国防指令和联合出版物将对这一关系作出规定。

①利用承包商实施补给品和服务保障

世界军事发展趋势表明：在支援战区作战的联合行动中，美军将在没有现成后勤保障机构的情况下实施部署。为了将部队部署到相互争夺的联合作战地域或估计有可能发生战斗的地方去，各联合司令部总司令通常会在部署的初始阶段，就要求最大程度地聚集战斗力。如有可能，利用承包商满足部队对补给品和服务的需求，一方面能大大缩短部队在部署阶段的反应时间，另一方面可使现有的空运和海运力量满足其他后勤保障需求。当作战地域内没有充足的建制保障力量时，实施承包商保障可以填补后勤保障的缺口。在没有签署东道国支援协议或者东道国支援协议不能提供所需补给品和服务时，实施承包商保障就显得尤为重要。

②利用承包商实施应急行动保障

承包商应急行动保障通常用来保障在海外某地实施的军事行动。它要严格按照"联邦采办规章系统"中规定的政策和程序实施。承包商应急行动保障可弥补部队建制后勤力量之不足，提供部队急需的补给品、服务和建筑保障。它是提高部队部署效率的力量倍增器。承包商应急行动保障可为部队初始部署、后续保障和重新部署提供下列各种补给品和服务。

A.补给品

一类：瓶装水和食品；二类：通用装备、消耗性办公和补给品；三类：油料；四类：建筑材料；五类：弹药；六类：部队保障物资；七类：大宗装备；八类：医疗补给品；九类：修理配件；十类：民用物资。

B.服务

洗衣、膳食供应、运输、住宿、公共事业、维护与修理以及卫生勤务等。

C.建筑

房屋、构筑物或其他不动产的兴建、调换或维修。

（2）配送

配送是后勤系统所有要素中的一个过程，旨在将"正确的物品"在"正确的时间"送到"正确的地点"以向联合司令部总司令提供保障。配送管理就是实现网络联合体和后勤各职能的相互协调与配合，以便针对作战人员的需求给出反应灵敏的、有针对性的解决办法。

全球配送是从补给源头向消耗地点提供物资器材。它涉及从战略级到战术级整个供应链管理的各个要素：需求判定、采办、补给、运输、维修、回撤和处理，旨在保障联合部队作战任务的完成。

战区配送位居全球配送之下，主要是人员和物资在战区内的有序流动，旨在保障各联合司令部总司令作战任务的完成。

（3）持续保障

持续保障的定义是："提供维持军事行动得以持续进行所需的人员、后勤和其他保障，持续保障时间直到任务完成或达成国家安全目标时为止。"具体内容包括，为业已批准的作战计划提供所需的补给品和服务，保存数量适中的补给品以满足补给到来之前部队的需要，以及及时补充维持军事行动所必需的储备品。战区持续保障管理的着力点应放在补给品速度的按时前送上，而不是在当地保持大量库存。

（4）处理

①全球范围内国防部资产的处理

国防后勤局通过国防再利用营销处进行全球范围内国防部资产的处理。国防后勤局对各联合司令部总司令、各军种和联合部队军种司令部的保障主要涉及在战场内接收和处理物资器材。国防再利用营销处的战区分支机构负责为设施、装备、补给品、危险物资和废弃物的再利用、非军事化销售或最终处理制定专门程序。各联合司令部总司令与国防后勤局经协商制定处理计划后，方可实施物资器材处理行动。

②环境计划制定和危险废弃物的管理

环境计划制定和危险废弃物的管理，涉及各联合司令部参谋部门和军种司令部的每一个单位。在制定计划和实施后勤保障时，必须对计划中潜在的环境影响有所了解。美国的环境法律、政策、规章、适用的国际条约和公约、东道国协议以及对东道国环境法的尊重，都将对作战计划的制定和执行产生不同程度的影响。作战计划和后勤人员在环境计划的制定、危险物资的搬运、危险废弃物的管理中发挥着重要作用。在任务和情况允许时，土木工程部队在设施工程保障中要尽量遵守国际、国内、当地和东道国的环境条约、公约、法律和协定。实施后勤保障前要完成相应的环境管理审查工作（包括危险废弃物检查），因此及早制定计划就显得至关重要。在各联合司令部总司令的作战计划中，重要的环境要求应收入附录L"计划工作指南—环境注意事项"中。附录L应确保做到以下几点：污染防治、环境保护、满足和完成与各联合司令部总司令任务相一致的一切要求。

6. 关键后勤职能要素

（1）指挥、控制、通信、计算机（C4）系统，情报和反情报支援

有效的 C^4I 和反情报保障对于计划、启动、实施、维持和保证一次成功的联合作战至关重要。后勤、作战和情报职能的发挥既要依靠反应灵敏的 C^4I 系统，也要依靠诸如结构、设施、组织和信息等要素的有机结合。这种结合将联合作战的各个方面融为一体，可使各联合司令部总司令及其参谋人员对后勤、作战和情报工作实施指挥、控制和管理。因此，整合后勤和作战的 C^4 系统十分必要。此外，确保有一定规模且训练有素的操作人员来操作这些系统也很关键。

（2）后勤信息系统

对于今天的联合作战人员来说，为了获取关键的作战保障信息，通过整合现有信息技术、后勤自动化信息系统和联合决策支援与可视化工具以形成直达后勤保障能力是极其重要的。美军的总体目标是使"2020联合构想"的理念得以实现。具体地说，就是要形成能够应对聚焦后勤信息融合挑战的能力。信息融合涉及到的技术能力主要如下。

①使用自动识别技术和国防部补给与运输系统及时获取有

关人员、单位和物资器材的精确数据。自动识别技术可实现数据的采集和向自动化信息系统的数据传输。此举能提高数据的采集质量，减少操作时间，从而提高数据的精确性。此外，自动识别技术还能及时提供在运、在储和在处理中后勤资产的可视性。

②运输协调员自动化输送信息系统Ⅱ。该系统用来为运输途中后勤资产可视性提供数据。

③使用诸如联合全资产可视性和全球运输网等国家级系统，将数据转换成信息并在全球范围内共享。

④将后勤保障信息融入共同作战图像中，以使联合司令部总司令、联合特遣部队指挥官和参谋人员及时感知战场态势，适时调整后勤保障方案，对后勤保障实施精确、高效指挥。

⑤使用联合决策支持工具提高联合司令部总司令和联合特遣部队指挥官的整体分析和决策能力。

（3）全球战斗保障系统

集战斗支援功能和指挥控制功能于一身的全球战斗保障系统为作战人员提供后勤保障。该系统直接支援 C^4I 系统和参联会主席"2020联合构想"。它依靠国防信息基础设施、共同作业环境和共享数据环境整合战斗支援应用系统，为作战人员提供紧密衔接的作战与后勤信息。全球战斗保障系统可为国家指挥当局、各联合司令部总司令和军种司令部指挥官提供精确的和近实时的后勤全资产可视性。这种可视性对联合战斗力量或资源的部署、运用、维持、重组和重新部署具有至关重要的意义。战场全球战斗保障系统包括以下内容。

①共同作战图像

全球指挥与控制系统内的共同作战图象是对各责任区内作战信息的形象描述，它是各联合司令部总司令计划和实施联合作战的一种关键工具。随着各战区战场态势的不断变化，共同作战图像需及时补充、更新内容。借此，国家指挥当局、联合参谋部和各联合司令部总司令可进行信息交流，及时了解战场态势。共同作战图像的真正价值在于，它能以图象的方式展示战场信息，其优点是战场情况和作战报告无法比拟的。含有战斗支援内容的共同作战图像，能为用户提供进入诸如全球运输网络和联合全资产可视性一类的战斗支援和战斗勤务保障应用系统的接口，还能为作战人员提供诸如后勤、运输、医疗和人事方面的信息。

②进入全球战斗保障系统接口的应用软件

全球战斗保障系统接口具有网基在线质询能力，可获取一体化的战斗支援数据。它由一系列应用软件构成。嵌入全球战斗保障系统入口上的战斗支援应用软件，是通过公共密钥基础设施技术经由一个单边注册零件来登录使用的。应用软件主要有下述两类。

A.全球运输网和联合全资产可视性。在联合自动化系统中，推动联合战斗支援系统运行的是全球运输网和联合全资产可视性。全球运输网是一个用来跟踪运输途中国防部货物与人员的全球指挥与控制信息库。联合全资产可视性包括在储、在运和在处理中全资产的可视性。全球运输网负责提供运输途中后勤资产可视性服务。

B.联合决策支持工具。联合决策支持工具能使作战和后勤人员了解部队后勤保障能力，确定实施保障的具体方式、制订、评估后勤保障计划，监控后勤保障过程，并视情对后勤保障方案及时作出调整。联合决策支持工具借助国防信息基础设施和共同作业环境等平台，在基于网络的用户服务器环境下运行。

③情报和反情报支援

对后勤保障具有重要意义的是，战区后勤部队对其必须经过的地区存在的威胁要有清醒的认识。就后勤判断和制定后勤计划而言，情报和反情报支援非常重要。敌方行动可能会迟滞物资前送速度、摧毁后勤储备设施、封锁机场和港口、瘫痪关键后勤要素的保障力。敌方行动可能会使在制定周密计划期间做出的后勤保障设想无法实现。各联合司令部总司令通报的有关潜在威胁（如恐怖主义、难民以及其他可能的威胁等）的情报和反情报对后勤保障至关重要。情报和反情报支援就是对威胁进行评估，加强与东道国安全情报部门的联系，并努力消除威胁。

（4）东道国支援

①美国与东道国双边协议

东道国资源对于缩小保障各联合司令部总司令所需的后勤摊子能起到关键作用。各联合司令部总司令要了解所有的相互保障双边协议，并最大限度地发挥这些协议的作用。如果缺少必要的协议，各联合司令部总司令必须通过联合参谋部获取谈判权力，努力补齐、达成双边协议，以保障对部队的装备和补给品的联合接收、集中与运送。

②采办与交叉服务协议

采办与交叉服务协议系用来获取东道国支援（或其他盟国支援）的灵活的双边协议。该协议可在联合军演、兵力部署和应急行动中，为各联合司令部总司令提供更加有效的后勤保障源。在诸如"沙漠风暴""恢复希望"和"共同努力"等军事行动中，都曾成功地使用了该协议。

③来自东道国的援助

从东道国寻求到的援助包括但不限于以下各项内容：油料、运输、电信、膳食、劳工、后方地域防护、设施、装备、补给品以及其他勤务（详见表 1-4）。临床医疗援助必须达到美国的救治标准或者得到各联合司令部总司令的认可方可提供。

表 1-4　来自东道国的援助

来自东道国的援助 （包括，但不限于以下内容）	
运输	电信
民工	补给品
服务	补给品
后方地域防护	设施
承包	石油
油脂	润滑油
装备采办	食品
空运	通信
设施利用	物资储备
港口勤务	营房
被装	医疗勤务
基地作业保障	维修勤务
建筑设备	

④协调东道国支援

各联合司令部总司令应迅速开展有效的东道国支援协调工作，以确保既定和临时性任务的完成。防务合作协议、部队地位协定、技术协议（包括通行协议）必须提前谈判，其内容需涵盖实施伴随保障的民间承包商。从事东道国支援协调工作的人员中应包括一定数量的美国人，他们受过有关与东道国的同行一起工作所需的语言和文化等方面的训练。东道国支援协调工作应尽可能抓紧进行，以便有效利用东道国和其他国家提供的援助。如果有必要，各联合司令部总司令应从申请单位获取更多的有关能力和需求方面的信息。

（5）关键基础设施的防护

后勤基础设施的防护对确保各联合司令部总司令作战计划的实施至关重要。制定计划时必须考虑以下因素：

确定对作战计划实施有关键意义的基础设施资产；

对所有业已确定的资产进行质量易损性分析，分析过程中不必考虑资产的所有权（公有的、私有的、美国的、外国的以及多国的）；

对所有紧缺资产进行风险管理评估，并采取有效的安全强化措施。

第二章　后勤原则与注意事项

为了实现确有把握的征服，在任何时候都必须照此规律行事：前进，站稳脚跟；再前进，再站稳脚跟，并随时准备把你的资源和必需品置于你的军队能够取得的距离之内。

——腓特烈大帝对其将军们的指示（1747 年）

一、概述

后勤原则是作战原则的补充。本章还提供了历史已被证明其重要性的后勤原则和注意事项。这些原则和注意事项为联合司令部总司令及其参谋人员计划和实施诸军种联合作战的后勤保障提供指南。

为支持国家军事战略，在所有军事行动中，后勤必须要能够满足国防部在军事人员、装备、机动性、医疗准备、基础设施和持续保障等方面的需求，并对其做出快速反应。在进行动员、复员、部署和重新部署以及维持联合司令部总司令的兵力使用构想时，后勤必须将国家和战区的行动结合起来。全部后勤原则均产生相同影响的情况是少有的，在任何特定情况下总是有一两条原则起主导作用。弄清在一特定情况下应优先考虑哪些原则，对于形成有效的后勤保障是至关重要的。将这些原则运用于具体任务和情况，即可确定后勤保障方针。通过分析可以发现，当不同的原则被运用于特殊情况时，它们会发生冲突。例如，要节约就可能缺乏快速反应能力。后勤原则不仅是科学，同样也是艺术，只有经验丰富的指挥员才最善于运用它们。后勤保障原则不是一份检查清单，确切地说它们是进行分析性思考和缜密计划工作的指南。后勤工作必须做到两点：一是实效性，二是高效率。唯有如此，才能更好地利用稀缺资源成功地完成任务和使命。

二、后勤原则

后勤是国家经济和作战部队的桥梁，就其整个意义来说，后勤应作为'军事经济'来运行。因此，必须从两个方面来看待后勤。后勤根源于国家经济。就这一方面来说，它受民事影响和政府的支配，其主要衡量标准是生产率。另一方面，后勤的最终产品存在于战斗部队的作战行动中。那里后勤受军事影响和军方支配，其主要衡量标准是在对敌行动中建立和维持战斗部队的有效性。

——亨利·E.艾克尔斯（《国防后勤学》，1959年）

1. 及时

及时就是在正确的时间和正确的地点以正确的数量提供正确的保障。在后勤诸原则中，及时是基石。如果后勤系统不能对被支援司令的作战方针提供保障，则其他一切都变得毫无意义。

2. 简明

简明就是避免复杂性，这往往能够提高国家和战区后勤行动的计划与实施效率。任务式命令和标准化程序都有助于实现简明性。部队确定的保障优先顺序以及补给和勤务预先分配方案，可以简化后勤保障行动。

3. 灵活

灵活指的是后勤机构和程序适应不断变化的情况、任务和作战方针的能力。后勤计划和行动必须灵活，以求既能快速反应又能节约。为保持灵活性，司令官必须对下属组织保持绝对的指挥和控制。灵活原则还包括制定备用计划，发挥预见性，建立后备力量，保留充足的保障资源，实施分阶段后勤前方保障以及集中控制和分散行动等。

4. 节 约

节约就是在可接受的范围内，以最低的成本、使用最少的资源提供保障。在某个级别和某种程度上，资源总是有限的。在确定使用资源的优先顺序和对其分配时，司令官必须持续不断地考虑到节约原则，优化资源的使用，以便既能提高保障效益，又能圆满完成任务。

5. 充 足

充足指的是在开始战斗行动时提供所需最低限度基本补给品和勤务的能力。司令官的后勤参谋人员制定后勤保障方针，完成后勤判断，并根据司令官提出的需求、优先顺序和分配方案开始确定资源。只有在最低水平的保障已经有了把握时，才能开始实施作战行动。

6. 维 持

维持是指在行动的整个时间里能对战区中所有用户维持后勤保障的一种手段。维持原则把负责保障的司令官的注意力集中在长期目标和部队的能力上面。长期保障是对后勤人员最大的挑战，他们必须不仅获得最低限度的必需物资以发起战斗行动，而且必须持续保障这些行动。

7. 生 存

生存能力就是军事组织在面对潜在破坏时的生存能力。根据其对后勤和战区后续作战能力的影响而选定的军事打击目标有：工业中心、机场、海港、铁路车站、补给所和仓库、交通线、船舶、铁路和公路桥梁以及交叉点等。后勤部队和设施也是很有价值的目标，它们必须采取主动和被动措施进行自卫。主动措施必须包括后勤设施地面防御计划的制订，其中有兵力增援和火力支援的条款。被动措施包括疏散、人员和装备的防护、欺骗，以及将设施的规模和能力限制在完成任务所必需的范围内。尽管客观环境往往充其量只能降低后勤能力而不能破坏它，但是在制订计划时仍需加以考虑。后勤行动在大规模毁灭性武器面前显得格外脆弱，因为这种武器能使我不能使用或限制使用重要的后勤基础设施。生存原则可能要求以牺牲节约为代价，实行资源分散配置。分散配置后勤资源对确保联合司令部总司令后勤系统的安全意义重大。计划人员还须考虑准备备用的卸载空港和海港，以防止敌方使用大规模毁灭性武器破坏原有港口。此外，一旦港口遭到破坏，民间运输公司使用港口的意愿也会大打折扣。预备力量的分配、备用计划的拟定、后勤保障的阶段划分，都有助于提高生存能力。

三、后勤注意事项

> 后勤包含制订战略和战术计划的手段与安排。战略决定
> 行动的地点；后勤则将部队送到这一地点。
>
> ——若米尼（《战争艺术概论》，1838 年）

1. 作为确定目标之要素的后勤

根据联合司令部总司令在战役中所采用的战区作战行动和后勤方针，后勤因素几乎总是影响着战区的战役，并起着不同的制约作用。后勤是实施成功作战的赋能因素。良好的后勤协同是战斗力的倍增器。从战略上讲，后勤能力可能会限制国家最高指挥当局、参谋长联席会议主席或联合司令部总司令使用的部队部署、集中和运用方案。从战役上讲，战区后勤的制约因素可能会决定战略集结或战区开进的速度、战斗兵力的总规模、进攻纵深或前

进速度。从战术上讲，战略级和战役级后勤举措必须聚焦于确保执行任务的部队在正确的时间、正确的地点获得正确的保障。

2. 后勤计划与作战计划的协调

作战和后勤是战争中两个不可分割的侧面。虽然后勤计划源于作战目标，但二者不分高下，彼此相辅相成。在作战行动的计划和实施阶段，从头至尾都必须把作战和后勤计划人员的努力结合在一起。尽管这是显而易见的，但这种结合不会自动发生，各级都有其关注的指挥事宜。就多国（联军和盟军）军事行动而言，后勤和作战计划的拟定必须同时进行。由于国家作战计划具有高度的敏感性，有些国家往往不愿意将自己的作战计划与盟邦或同盟伙伴国分享。不管怎样，总应做出努力在计划制订阶段让大家分享由作战和后勤人员拟定的作战与后勤计划，并在计划执行期间根据需求对计划随时进行调整。

3. 从后向前的推动力

后勤保障的推动力是从美国本土进入战区并向前发展的。为了给联合司令部总司令提供快速、不间断而又反应灵敏的后勤保障，需要这种由后向前的推动力。一个不间断的补充制度既可采取自动补充形式（前送），也可采取申请补充形式（后领）。任何时候，只要有可能，均宜采用前送形式，以增加计划补充，减少后勤的指挥、控制、通信和计算机系统的需求。最好能让前方司令官摆脱后勤保障的琐事，而又不削弱对建制后勤保障能力的控制。

4. 战斗兵力与后勤兵力的平衡

任何军事组织的目标是在作战环境中以现有资源产生尽可能大的战斗力。联合司令部总司令必须根据后勤和作战方针的差异来确定适当的平衡。任意把后勤人力调入战斗部队来提高战斗力的做法可能造成相反的结果。每个战役或作战行动都要求对战斗部队与保障部队之间的适当平衡进行具体分析，计算战斗部队和保障部队的比例是评估需求与能力的方法。战斗支援和战斗勤务支援的必不可少的实力取决于许多因素，如后勤资源的总需求量及其需要的时间和地点、可供使用的运输网络和资源的充足程度、交通线的长短、当地劳工的可用量以及部队作战行动的类型等。在设想作战期间使用当地劳工加大保障力量以及估算其可用量时，司令官应小心谨慎，因为设想使用当地劳工在敌对行动期间扩编保障力量会大大增加风险。

敌对行动开始时的平衡特别重要。总的来说，计划制订必须根据任务的性质和司令官的意图进行。必须有可供使用的训练有素和装备齐全的战斗支援和战斗勤务支援部队，并以足够的数量将其部署出去，用以向战斗部队提供直接的持久保障。一支没有后勤保障的战斗部队是缺乏机动性和战斗力的。联合司令部总司令应当认真考虑配给他们用于实施战时行动的战斗支援和战斗勤务支援部队的数量、能力、编制状况和局限性。在由于预计有东道国资源可用而将美军战斗支援和战斗勤务支援兵力编成加以消减的情况下，这一点至关重要。军队的动员特别要求在国防部、各联合司令部和各军种司令部之间，以及在保障机构和作战部队之间进行密切协调。确定应于何时动员战斗支援和战斗勤务支援部队，是以他们将保障的战斗部队的运用方针为依据的。这就要求将战斗支援和战斗勤务支援部队的动员与部署与战斗部队同时进行，甚至前者先于后者。

5. 后勤指挥与控制

统一指挥对于协调国家和战区的后勤行动至关重要。后勤是一项指挥职能，这一指挥职能主要通过联合司令部总司令对后勤的指挥来实现，也就是说，联合司令部总司令有权对为完成其司令部受领的使命和作战任务所必需的后勤行动和资源配置实施指挥。为了在战争的战略、战役和战术各级实施控制，下属各级指挥官也必须对后勤实施控制。就一个特定地区和一项特定任务而言，应由单一指挥部门对后勤负责指挥。

在多国行动中，由于各国不愿放弃对其后勤资源的控制，以及国家对使用或向其他国家转让后勤资源的法律限制，统一指挥恐难以实现。因此在作战计划拟定阶段，应着力强调后勤资源指挥与控制权的重要性。如果设立一个全面的后勤保障协调员或司令部，就应明确规定其作用、职责和权限。

健全的后勤计划工作是战略、战役和战术灵活性和机动性的基础。联合司令部总司令为影响其部队的相对战斗力，必须对本部队的后勤保障能力有充足的控制权。

后勤保障系统必须与它所保障的战斗部队的结构和运用协调一致。在单一的指挥部门指挥之下，能够最好地达成统一行动。只要可行，平时的指挥链和参谋机构就应组织好，避免战争期间的改组。这也包括可能被赋予具体战区任务的预备役部队（美国的和东道国的）。各联合司令部总司令必须能够及时向前方调动那些发起和维持战争所需要的资源。

6. 分配份额的确定和分配量

确定分配份额指的是针对各种需求制订有限资源的分配计划，而分配量是指针对各种需求确定有限资源的分配使用方案。优先顺序是指后勤资源在供不应求时对物资或勤务需求所采取的相对排序。

上级司令官若根据作战方针和下属指挥官提出的需求，合理确定分配份额和给下属指挥官分配预期的与现有的资源，通常能获得最好的效果。但由于后勤资源的实有量往往少于需要量，因此，分配量常常小于某些下属指挥官的申请量，或少于原定的分配份额。

若不能维持某一系统的份额和分配量，就可能引起优先顺序危机，最终破坏优先顺序制度，并使上级司令官失去对后勤系统的控制。战略和战役的分配份额和分配量问题首先要在制定周密计划的过程中加以研究，然后由联合参谋部和联合司令部总司令利用联合物资器材优先等级与分配委员会予以解决，具体规定见附录二"作战司令部后勤参谋部门的编制与职能，以及联合后勤中心、办公室和委员会的职能"。

威胁分摊额和阶段持续时间是确定资源分配量的依据。利用威胁分摊的方法，联合司令部总司令可把摧毁敌人总战斗力（即部队、设施、各种组织等）之各个部分的任务分配给所属各军种司令部。威胁分摊的一个实例就是，空中作战阶段把歼灭一定百分比的敌机械化步兵、装甲兵、后续兵力和炮兵的任务分配给各军种。敌之威胁力量的剩余百分比，则在地面机动作战各阶段再分配给各军种。阶段持续时间是联合司令部总司令对作战行动的某个具体阶段所能坚持的时间的预测。阶段持续时间的两个例子：一是空中作战将持续若干天（时间取向）；二是空中作战将坚持到一定百分比的敌地面威胁力量被歼灭时为止（目标取向）。威胁分摊额和阶段持续时间有助于确定各阶段战役的重点，以防止对不同军种的保障造成不必要的重复。

7. 对战时需求的适应

在国家经济和军队中，理想的后勤组织不需要作根本的改变即可实现从平时到战时的过渡，以应付突发事件。尽管文职领导者和军队领导者由于实际情况的限制，不可能完全达到这一理想，但是他们应该力争尽可能地接近之。如果他们不能在平时建立和训练好一个能在战时起作用的组织，到了他们本来应该集中精力运用该组织的时候，他们就会被压上对其进行紧急改组和训练的重担。

8. 后勤纪律

（1）后勤资源总是有限的。在战区（战略）一级，这种限制表现为或是财力不足，或是物资器材、工业设施、熟练劳工缺乏，以及动员、部署和前置时间过长，以致对兵力和补给品在战区的战略集中产生影响。在战役和战术级，常见的限制因素有：

运输工具和港口卸载能力不足；

某些弹药、装备和紧缺备件的数量不足；

缺乏训练有素的后勤人员；

未能筹划好足够的可以相互适应的指挥、控制、通信和计算机系统。后勤资源使用不当意味着战斗部队被剥夺人力、装备、补给品和训练，以及对节约用兵这一原则的漠视。

（2）真正的补给节约要求周密计划和建立物资储备，以便根据威胁分摊额和阶段持续时间提供发起和维持战斗行动所必需的资源和战斗设备。与此同时，要避免建立过多的储备。超量的储备会降低灵活性，占用其他重点任务所需的运输资源，并排斥对其他地区的支援。

（3）在一切情况下都必须考虑军事行动所要付出的代价；通常应选用与作战方针一致的最有效手段。

9．运输控制

整个情况搞清后，就开始部署计划的制订工作。部署是按命令规定的时间开始的。联合司令部总司令负责对进入和通过其责任区的运输资源实施控制。美国运输司令部负责监视空中机动司令部、军事海运司令部和军事交通管理司令部以及建制运输部门的运输，并提供其从出发到抵达战区的运输综合情况报告，维持联合作战计划与执行系统的数据库，并向联合参谋部、联合司令部及其他单位提供分析资料。分析资料包括进展报告、状况、兵力会合、港口工作负荷、每日运输统计数字、通用运输工具面临问题的解决情况等。在运输行动中，兵力抵达是部队到达其具体地点的过程。它开始于第一分队到达指定地点（如装载港或卸载港）、中间站或终点站，结束于最后一分队到达上述诸点。有了联合作战计划与执行系统和联合计划与执行部门，联合部队指挥官就能在主要兵力部署期间改变或取消原来提出的需求。联合部队指挥官负责把所需的战区内的运输同部队和后勤的战略集结结合起来。不论是进入战区的或战区内部的运输，若控制不好，会导致浪费，降低后勤工作效率，从而造成潜在战斗力损失。

10. 部署信息流

准确的最新信息对于有效地制定后勤计划、协调部队的调动以及持续保障作业，具有至关重要的意义。知道部队和补给品的位置与实际拥有它们同样重要。作战计划是以联合作战计划与执行系统规定的格式、利用全球军事指挥与控制系统来颁布的。联合作战计划与执行系统被用来监视、计划和执行动员、部署、运用和维持保障诸种行动。在平时和战时，联合作战计划与执行系统保障国家、战区和支援机构。该系统是参谋长联席会议主席、联合司令部总司令以及各军种部长用来监控和修正部署信息的单一工具。经由全球指挥控制系统联通联合作战计划与执行系统，对于部署部队和保障部队具有重要意义。在计划和执行期间，联合司令部总司令和保障联合司令部总司令在大多数情况下是以联合作战计划与执行系统中提供的信息为唯一的根据，来决定部队的优先顺序和紧缺的空运与海运的分配办法。

11. 后勤预备力量

在战争的战役级，后勤可能是确定战役进展速度的一个先行因素。正像战略和战役后备力量对于扩张战术或战役成果，或对于应付意外事件是必需的一样，建立只有联合司令部总司令才能动用的后勤资源预备力量也是必需的。物资器材和未动用的东道国保障资源就是后勤预备力量的实例。筹划在不发达地区进行战争和非战争行动的联合司令部总司令及所属军种指挥官必须充分重视储备的预先配置。这应包括对与外国签订的协议的分析。

12. 预置

筹划在不发达地区进行战争和非战争行动的联合司令部总司令和军种部队指挥官必须对其战区内的装备和物资预置工作予以

高度重视。各军种已经建立了海上和岸基部队装备和保障物资预置储备，以满足兵力抵达时的需求，这将大大减少早期部署的联合部队对战略运力的竞争性需求。

13. 工业基地需求

计划人员必须判明有哪些物品必须直接来自工业基地，而不是来自现有储备。这一点很重要，因为承包厂家需要时间来重新启动生产线，获取原材料和培训员工。

14. 补给品和服务的承包

部署出去遂行应急行动的美国部队，其补给品和服务来源主要有三个：美国建制后勤部队、东道国支援以及承包商服务。以上 3 类保障源的构成要素及注意事项如下：

美国建制后勤部队（现役和预备役）。构成要素：部队征召限额、部队现有规模、兵员限额、运输资源现有规模、运作费用、将部队部署到战区的能力等；

东道国支援。构成要素：同东道国签订的支援协议以及东道国提供支援的能力；

承包商服务。注意事项：能否通过与当地供应资源部门直接签订合同或现有的应急合同（如陆军后勤民力增补计划、空军合同增补计划、海军建筑能力合同），提供承包商服务？能否在对敌行动中为承包商提供足够的防护？在部队地位协定中是否有关于承包商地位的规定？详情参见第五章"战区承包商"，这章深入论述了如何使用承包商来遂行任务所必需的勤务。

第三章　联合后勤计划工作

后勤决定战役的作战极限。安排后勤保障和解决后勤困难所需的前置时间要求不断把后勤应考虑的事项纳入作战计划制订过程中。当可用的计划时间短促时，这一点尤为紧要。联合司令部同下属军种参谋机构以及同其他联合司令部的协调与合作，是在战区确保及时了解部队和监督战区内部署、战备与保障等事务的先决条件。
　　　　　　——联合出版物1号《美国武装部队的联合作战》

一、概述

联合后勤是一个复杂的、相互依存的概念，它能对联合司令部总司令的战斗力起到杠杆作用。后勤参谋人员应理解联合司令部总司令的作战方针，并及早介入工作，将保证国家和战区的部署与保障需求同后勤能力相一致。后勤计划工作注意事项有助于联合司令部总司令对参谋计划人员进行指导，以及对战役与作战行动计划的周密性和可行性进行评估。联合出版物5号《联合作战计划制订纲要》论述了持续保障计划的制订工作。制订该计划的目的在于提供和保持人员、器材和消耗性物资的水准，而这些是在预计时间内和理想强度上保障既定作战行动所必需的。必须对在不发达国家作战给予特殊考虑,因为那里的基础设施保障（通信、运输、港口设施、飞机、物资装卸设备和工业能力）条件有限。为了查明这一地区能否得到足够的基础设施保障作战，在部署前应派出一个先遣队对这一地区进行实地视察。

在各军种和国防部各局的密切协调下制订保障计划是联合司令部总司令的职责。参谋长联席会议主席 3122.03 号《联合作战计划与执行系统》第 2 卷（计划与执行的格式与指南），要求在作战计划的附录四中对作战计划概要的后勤可行性进行判断，并提出有关后勤保障的详细分析。在本出版物中，附录一《国防部内的后勤职责》和附录二《联合司令部后勤参谋部门的编制与职能，以及联合后勤中心、办公室和委员会的职能》，提出了有助于协调联合司令部总司令后勤行动的联合后勤中心、办公室和委员会的清单。

二、后勤计划的重要性

联合司令部总司令的战役与作战行动应有相应的后勤内容，这些内容应在各级得到协调，包括：国际、国家、军种和职能部门，以及承担保障任务的司令部。

1. 适应性

计划应为作战方针的变化作好准备。这些变化可能包括：需要建立后勤保障设施、增加额外的警戒部队、增大运力、扩大港口吞吐能力、建立岸海衔接装卸设施、改进供应链管理，以及在后勤管理机构中增加许多别的东西。拟订计划时应预判情况的变化。

2. 周密后勤计划带来的好处

周密后勤计划工作将减少采取应急措施和进行后勤紧急处置的必要性，那样做通常代价昂贵，并且常常会对下属及保障部队带来负面影响。

3. 部署计划与运用计划的等值性

部署计划工作是兵力投送过程中的一个关键因素。部署计划工作比运用计划工作更从容，更有条不紊，更适合于得到自动化数据处理设备的支援。后勤计划人员必须避免只抓部署问题而牺牲对战役用兵方针的保障。为兵力运用制定详细的后勤计划具有同等的重要意义，既不应忽视，也不应拖到部署计划完成后才着手进行。只有战役或行动的部署和运用这两个方面同时给予通盘考虑，计划人员才能制定出完善的后勤计划。

三、后勤计划的合成

后勤计划应该与联合司令部总司令作战计划的各项附件、国防部范围内其他司令部和机构的计划，以及将向作战指挥官提供支援的军外各部局的计划和战时东道国支援的计划相结合。附录四《作战计划和应急计划的后勤检查清单》，列出了后勤计划人员在试图将成功实现作战计划所必需的各种活动和计划加以合成时所应考虑的事项或问题。

四、后勤计划工作的层级

后勤计划工作应在战略、战役和战术各级进行。

1. 战略和战役后勤保障方针

联合司令部总司令的战略后勤方针应集中体现筹集和向战区基地进而向理想的作战位置运送兵力和物资的能力。战役后勤保障方针就是在这些作战位置付诸实施的。计划人员必须根据运输和配送系统的能力来确定联合司令部总司令的作战方针在动员、部署和持续保障诸方面的基本需求。联合司令部总司令及其参谋人员应该筹划如何使联合接收、集结、运送与集中、战区配送和通用后勤保障得到最佳利用。因为在当今资源有限的环境中，保持统一使用各军种资源的能力至关重要。

2. 战术后勤保障方针

这一级的计划工作主要由军种部队完成。它包括项目排列计划工作，涉及到计划因素的具体运用。这些因素是根据历史上的消耗数据、分析材料或演习经验得来的。另外，计划人员还要确定后勤设施和部队的规模以及精确位置。联合司令部总司令及其参谋人员应对军种部队采用的方法、设想和因素进行审查，以判明其有效程度，并防止重复劳动。

3. 司令官要确保战略、战役和战术后勤计划相互补充，互为一体，以实现提高后勤保障效益和效率的目标。

五、战区编成

从联合司令部总司令的后勤保障方针中演化出来的战区编成，应在表 3-1 列出的项目上对下属部队的战区级后勤决策产生影响。

表 3-1　战区编成对后勤决策的影响

在维修、医疗、救援、运输和殡葬事务等方面提供通同勤务或联合勤务的职责
适用于承包商提供保障的地点和职能
战区基础设施被毁损时的应急计划
所需时间较长的特殊工程项目的需求
战时东道国支援需求
在某些具体地区适用于通用补给的物资：给养、油料、弹药、建筑材料、人员保障用品、医疗补给品和血浆以及修理配件等

1. 作战地区的编成

经过授权，联合司令部总司令可以针对每一个大型威胁指定战争战区，可能还有下属的战役战区。在战时，国家指挥当局或作战指挥官可以在联合司令部总司令的责任区内选择指定一个战争战区。战争战区是直接涉及或可能逐渐涉及战争之实施的空域、陆域和水域。它通常不包括联合司令部总司令的整个责任区，但可能包含多于一个的战役战区。战役战区的定义是战争战区内为实施或支援具体战斗行动所需的地区。在同一个战争战区内，不同的战役战区通常在地理上是分开的，并面对不同的敌军。为了有助于联合作战的协调一致，联合司令部总司令可以划定作战地区或联合地区。这些地区的大小和在其中运用的部队类型，取决于危机规模和性质以及预计的作战持续时间。对于规模和时间比较有限的战役，联合司令部总司令可以指定下列战役地区：联合作战地区、联合特种作战地区、联合后方地区、两栖目标地区、作战地区和关切地区。

2. 战区后勤地带

联合司令部总司令可以建立战斗地带和战区后勤地带。战斗地带是部队进行大规模作战行动所需的地区。通常是从地面部队后方边界向前延伸。战区后勤地带包含保障和维持战斗部队所需的战区交通线、相关组织和其他机构。战区后勤地带通常包括战争战区和战役地区的后方部分，并向后通到美国本土基地或联合司令部总司令的责任区。战区后勤地带包括保障部队流和后勤流进入作战地区的机场和海港。通常它与战斗地带相连，但在流动性很大的动态环境下，也许只能靠脆弱的交通线来连接。

3. 后勤基地

在较小规模的作战行动或非战争军事行动中，联合部队指挥官可以建立计划和保障作战行动的后勤基地。后勤基地将提供专门组织的保障，以适应任务和形势。大多数（如果不是全部）配置在大规模作战行动之战区后勤地带内的保障力量，都属于设在后勤基地内的缩小了的保障力量。同样，在大规模作战行动中，当需要向战区后勤地带的前方提供保障时，也可能要建立后勤基地。

六、计划工作的特别注意事项

计划人员必须判明他们要予以保障的特定作战计划所独有的关键问题。计划工作的特别注意事项如表 3-2 所示。

表 3-2　计划工作的特别注意事项

兵力扩充时的需求
紧缺补给品
瓶颈
运输控制
前送式和后领式再补给
民间补给来源

1. 兵力扩充时的需求

随着作战命令或战役计划的实施或对危机做出反应，美国武装力量可能要全面扩充。从历史上看，物资需求量增长得比补给系统所能提供的要快，因而采取特殊管理措施是必要的。根据对战役中的优先顺序的预计，计划人员必须：

为在部队内按单位优先顺序分配物资提供指导和指令；

从外部来源获取优先等级较低的物资；

控制供应不足的新资源的分配；

采取有效办法对受损的或不能使用的关键补给品实行回运、修理和从新发放。

2. 紧缺补给品

紧缺补给品和装备器材必须在计划过程中及早明确。紧缺补给品就是对保障作战行动有重要意义、但供应不足或预期会供应不足的物资。就使用或申请运输工具和紧缺补给品的事宜，可规定特殊处置办法。

机动是对补给系统的真正考验。
——上校巴西尔·利德尔·哈特爵士（《战争思考》1944年）

3. 瓶颈

后勤计划人员必须了解对部署和持续保障计划的各个阶段均有影响的制约因素。本土内、战区间和战区内的运输会碰到一些瓶颈，它们会限制或降低对战役或作战计划遂行保障的能力。查明运输途中或战区内的瓶颈是为避免交通线负担过重而进行协调工作的第一步。港口和机场的有限装载能力、物资可见性的缺乏，以及内陆运力的不足，历来都对战斗部队的作战距离起制约作用。后勤计划人员必须预见到交通的堵塞，并寻求克服瓶颈的办法。最后，如果是制定多国联合作战计划，还必须就多国的陆海空部队对不动产、舰船泊位和卸载设备、运输工具、劳工以及建筑材料的需求会对美军的部署和运用计划产生何种影响进行评估。

4. 运输控制

运输控制的作用是协调全部（包括盟国和东道国提供的）运输手段的运用，以支援联合司令部总司令的作战方针。美国运输司令部司令官作为单一的运输管理者，将就向战区输送人员物资事宜安排好与联合司令部总司令的正常联络。尽管为适应东道国和盟国的需求，可能需要进行细致的协调，但联合司令部总司令负责对战区内的运输实施控制。无论战区出现何种特殊情况，后勤计划都保证联合司令部总司令对运输具有尽可能大的影响力和控制力。作战计划人员应该预见到扩大战果的情况，并同后勤计划人员一起判断高速追击的可能性，以确保战役部队的作战纵深不超出其后勤再补给能够提供及时保障的距离。

5. 前送式与后领式再补给

前送式再补给最适合于有确切消耗标准的单项补给品。这种补给方式对于建立和保持通用物资储备特别有用，因为这类物资要在战区内进行分配。后领式再补给适用于消耗率变化无常的物资。前送式与后领式再补给各有优长，二者结合使用将最大限度减少运输需求和缩小战区内的后勤摊子。在有正确消耗标准的某些单位里，就某些物资而言实行前送式还是后领式再补给方式，计划人员都应根据部队任务和作战地域的具体情况来确定补给需求。计划应有灵活性，能够根据情况调整以经验数据为依据的计划因素和各部队再补给的方式。

6. 民间补给来源

制定计划时应查明来自民间的补给品和劳务的供应渠道，并根据作战需求对其进行安排。民间提供保障的种类有：设施的施工与维护，补给品的接收、存储、清点和发放、膳食勤务、运输、维修及污水和废弃物处理，淡水生产以及淋浴和洗衣服务等。

第四章　联合战区后勤

我经历的战争愈多，就愈加认识到战争是如何完全依赖于后勤和运输……你想在何时把你的军队移动到何地并不需要多大的技艺和想象力；但你若要知道在什么地点可以部署你的军队，以及能否在该地维持你的军队，那就要有丰富的知识，要进行艰苦的工作。

——A.C.P 韦唯尔将军（转引自马丁·克列威尔德：《战争与后勤——从华伦斯坦到巴顿的后勤史》，1977 年）

一、概述

联合战区后勤的任务，就是运用后勤资源生成和保障战区的战斗力。本章着重阐述联合司令部总司令的战区后勤方针，包括使目标、机动计划和作战行动的时间安排实现平衡。本章还论述和增大战役可达距离有关的概念，并提出几种适用于战区后勤所起的具体应用作为结束语。联合司令部总司令必须确保其战役计划能把作战能力和后勤能力完美结合在一起，必须通过使作战与后勤双方坚持密切合作和及早了解赋予下属指挥官的任务来维持其相互之间的关系。联合司令部总司令的影响力对于弥合作战与后勤之间的间隔必不可少。

二、联合司令部总司令的后勤方针

虽然后勤资源是由各军种部队指挥官提供的，但是联合司令部总司令有责任确保运用这些资源的总体计划符合其战区作战的方针。

1. 后勤系统

战区后勤系统的一个决定性要素，就是在战区配送系统内及时使战区间和战区内的人员与补给品运输实现一体化。人员和装备的前送和后送手段是成功实施战区作战行动的基本条件。如前文所述，后勤系统起自美国本土或部署在外的保障基地，经由进入战区的港口，到达战区的前方地域。后勤系统的关键要素如表4-1所示。

表 4-1 后勤系统的关键要素

交通线	包括将作战部队与战区作战基地连接起来，使补给品和部队在所有的路线（陆路、水路和航空线路）上运行。
战区运输网	指港口、基地、机场、铁路车站、管线终端和拖车转运站，它们是交通线上的接收与转运点。
部队	指负责港口、基地和机场的专门部队。
东道国、盟国支援	指来自盟国和东道国民间和军队的支援，内容包括对部署中的美国部队实施的途中支援、接收、运送和持续保障。
承包商保障	为保障海外应急作战行动，承包商保障要遵循联邦采办规章系统的政策和程序。承包商保障的内容主要涉及设施、补给品、服务、维修、运输和生活等诸多领域。

建立后勤系统的注意事项如表 4-2 所示。

表 4-2　建立后勤系统的注意事项

地理环境
运输
后勤能力
后勤加强措施
后勤基础设施的防护
保障梯次
职责划分
东道国和盟国支援

（1）地理环境。筹划者必须考虑地形、气候的影响以及后勤系统的外部因素，尤其是其对运输系统的不同部分，包括对所有的水路、铁路、公路、管线和航空线路的影响。

> 如果说胜利是美丽鲜艳的花朵，那么运输就是花茎，没有它，永远也不可能有鲜花盛开。
>
> ——温斯顿·丘吉尔

（2）运输。许多因素会影响分阶段选择运输方式，以满足作战要求。例如，海运是大吨位运输最有效的方式；空运在时间紧急时常常是运送人员或快速输送装备和补给品的最便捷的方式。当需要满足快速交付优先等级物资的要求时，这一点尤其重要。在陆上，铁路（对大吨位而言）和管线比卡车运输效率要高。

（3）后勤能力。在当今库存较少的情况下，必须从制造厂商（工业基地）、国防后勤局、各军种和战区联合司令部基础设施等方面全面考虑后勤能力。后勤计划人员要对诸如危机期间补给品生产的峰值是多少、采取哪些办法满足部队的初始需求、运输系统能保障什么、部队如何回撤以及都有哪些特殊的要求或程序等问题做到心中有数。此外，还必须了解战区基地基础设施接收、储存和配送后勤资源的能力。所有这些因素将影响整个后勤系统的效率。上述因素也将限制它保障的部队规模。

（4）后勤加强措施。计划中应有减少后勤制约因素的影响措施。例如，开放高吞吐能力的港口，或获取这种港口的进入权；扩大机场停机坪；增加物资装卸装备；以及采用临时性机场垫板等。更好地使用国际标准组织的商业集装箱以代替散装运输，有助于港口清运。不过，计划人员应认识到，这样使用集装箱会在别处造成问题。

（5）后勤基础设施的防护。由于后勤系统是战斗力的有机组成部分，因此必须为其制定警戒措施。后勤基础设施和交通线的防护，包括联合后方地域的划分，在联合出版物 3-10 号《联合后方地域作战行动概则》中有具体论述。

（6）保障梯次。后勤系统必须对最前方的战斗部队的需求做出快速反应。它必须始于美国本土，延伸至前方作战地域，在需要的时间向需要的地点提供补给品和勤务。

（7）职责划分。联合司令部总司令应与美国运输司令部司令进行协调，将运营海港、基地和机场的职责赋予各军种部队（可行时也可赋予东道国）。

（8）东道国和盟国的支援。东道国和盟国在运力、劳工、设施和物资器材等方面所能提供的援助的水平，将影响最初输送战斗部队和尔后遂行持续保障的空运量和海运量。与东道国和盟国签订采办与交叉服务协议和承包商保障协议，不失为一种在多国环境下接收或提供资源和服务的好办法。

2. 战区后勤保障方针

战区后勤保障方针必须以对一个或多个作战方案的后勤可保障性的判断为依据。联合司令部总司令的后勤处应对由作战处和计划处提出的每一可供选用的作战方案作出后勤可保障性判断。根据对所选作战方案的后勤可保障性所作的判断，以及上文概述的后勤系统主要注意事项，便可制定战役或作战行动的后勤保障方针。

（1）战区后勤保障方针指的是运用联合司令部总司令所辖各军种的能力和资源，提供补给、维修，运输和工程勤务的一种预想方式。它将各方面的能力和资源组织起来，形成总的战区战争行动的保障方案。

（2）后勤保障方针应规定如何保障作战行动。它应特别注意对主要交通线的研究和由各盟国提供的战时东道国支援。如果在一个战区必须有一个后勤地带来保障战区内的空中或陆上作战，或有一个中间基地和前进基地网络来保障海上作战，则应规定其总的编成和职能。其论述性段落应覆盖联合司令部总司令认为有必要的任何题目，其中可能有：

后勤权限和对后勤工作的控制。国防部指令规定的或在联合出版物所论述的后勤职责如表4-3所示。

表4-3 国防部指令规定的或在联合出版物论述的后勤职能

职能	文件（联合出版物、国防部指令）
空运支援	联合出版物 4-01·1.1 号
海运支援	联合出版物 4-01·1.2 号
运输控制	联合出版物 4-01·1.3 号
水运终端作业	联合出版物 4-01·1.5 号
岸滩联合后勤	联合出版物 4-01·1.6 号
卫生勤务	国防部指令 6480 和联合出版物 4-02 号系列
供血计划	国防部指令 6480 系列
油料保障	国防部指令 4140 系列和联合出版物 4-03 号
工程保障	联合出版物 4-04 号
动员计划	联合出版物 4-05 号
殡葬勤务	联合出版物 4-06 号

对协调的指导。在战区内和通向战区的交通线上，可能会有多个军种同时行动（既有美国的，也有盟国的）。为了避免混乱和不必要的重复，在所有有关的国家、部队和机构之间对各职能进行协调是必不可少的。联合司令部总司令应根据需要按职能和地域提供总体指导，以确保行动的统一。

后勤指挥、控制、通信和计算机系统。除指挥、控制、通信和计算机的标准作业程序外，还应考虑在联军作战期间万一出现系统运转中断或接口互不兼容时，如何采用替换的办法或手工操作程序。

战区内的后勤基础设施。在制定计划时必须考虑如何根据联合司令部总司令的作战方针，用作战地区内的现有基础设施为联合接收、集中、运送与集合、战区配送和基地建设提供支持。

战区内的保障。应为现有一切后勤基础设施的运用，包括盟国民间和军队支援的运用，提供具体的指导。此外，联合司令部总司令可把战区的各种后勤职责分别赋予各特定类别保障的主要用户（如战区内的运输保障责任常被分配给战区陆军）。

3. 增大作战可达距离

（1）作战可达距离是指能决定性地集中和运用军事力量的距离。在战略一级，联合司令部总司令主要致力于挫败敌人的战略和意志，并通过对兵力和后勤实行恰当的战略集中来夺取战略纵深、主动权和优势。联合司令部总司令指导作战部队完成这些任务。作战部队对作战可达距离的看法，集中在指挥官能决定性地集结和运用兵力以实施战争或非战争军事行动的范围这一点上。这就不仅仅是指在一定的距离上实施侦察或采取突击行动。作战可达距离受配送系统和交通线的长度、效率和安全程度的影响，也取决于分阶段向前运送预备队和物资器材的能力。最后，它必须包括作战部队和保障力量的活动范围和持久力。联合司令部总司令可以通过在部署战斗勤务保障部队之前先部署战斗部队来寻求增大作战可达距离（风险也随之增大）。此时，后勤指挥官必须创造性地运用一切现有资源对已部署的作战部队提供最低限度的持续保障。通过建立前进基地或仓库，以及提高配送系统和交通线的安全程度和效率，可以增大作战可达距离。

（2）作战可达距离是一个相对值。通过阻止敌人一个或数个军种实现其战役可达距离，即可增大我之作战可达距离。战役计划的实质，就是通过在后勤的保障下增大联合司令部总司令插入敌之纵深的战略和战役可达距离，同时阻止敌人实现其作战可达距离，来达成既定的国家战略目标。

（3）当联合司令部总司令向前调动部队时，他们必须获得对指挥、控制、通信和计算机系统中心、运输枢纽和预计的基地地域的控制权。因为这些中心和地域将成为战斗部队夺取和控制的具体目标。当后勤系统向前推进以扩大战果时，它们就被移交给后勤系统，由此而产生的后勤系统向前推进的势头，导致作战可达距离和战斗部队持续作战能力的增大。

可靠的后勤保障是战略灵活性和机动性的基础。如果要发挥和利用这种灵活性，军事指挥部必须对其后勤保障力量实行合理的控制。

——亨利·E. 艾克里斯少将（《国防后勤学》，1959 年）

4. 战役后勤的应用

下面是后勤在战争的战役一级所起的诸多作用中的几种。

（1）作为力量倍增器的后勤

敌我双方战斗力的大小常常是如此接近，以致一方对另一方取得一点小的优势就可能具有决定性的意义。无论进攻或防御，后勤在从特定力量结构中获得增效潜力方面均起重大作用。它主要是通过加强部队的时效性和持续作战能力做到这一点的。例如，作为早期进入部队之一部分的后勤力量会加强抵达部队的通过能力和先期部队的持续作战能力。此外，少量投资于前方基础设施，就可能获得巨大益处，因为这样就能快速地重组部队，并使之及时重新投入战斗去影响作战结局。具体地说，前方毁损修理和维护能力、快速修理跑道的能力以及前方医疗设施都有助于高效地重组部队。

表 4-4　战役后勤的应用

后勤所起的作用
力量倍增器
威慑力量
灵活性助长剂

（2）作为威慑力量的后勤

威慑是国家军事战略的主要因素之一，而后勤部队以及预备役后勤部队的启用，能在威慑方面起到一种关键性的作用。充足的后勤资源和能力传达着国家打持久战的意志。同样，后勤部队战备程度的提高和国防预备役后勤力量（如第一类预备役部队）的启用，或数量减少了的作战资源（海上预置船）战备程度的提高，都可以使紧张局势趋于缓和。这些行动通常比战斗部队摆出作战姿态具有更少挑衅性，故常被视为联合作战计划中的威慑办法。

（3）作为灵活性助长剂的后勤

战斗部队和后勤资源的组成和配置是对提高灵活性有重要影响的因素。从本质上说，后勤能增加可供联合司令部总司令选择的用兵方案。

在敌对行动爆发之前，建好后勤基础设施和订好东道国支援协议及采办与交叉服务协议，有助于联合司令部总司令发挥灵活性，最充分地运用现有兵力。

为了保持灵活性，后勤计划应预先考虑好在作战胜利、作战失败、局部胜利或敌人企图发生变化时应采取的下一个步骤，并为之作好准备。后勤计划以及物资器材和运输工具的配置，应使扩大战果或回撤行动能在尽可能短的时间内展开。适时注意计划的改变是及时提供保障和作出反应的关键。

第五章　战区承包商

战争实践表明：同私人财产拥有者签订合同和达成谅解，对于任何军队获取给养、住房、被装和实施作战都是必不可少的。

——财政总监罗伯特·莫瑞斯（1781 年）

一、概述

从历史上看，承包商为美国军队提供了巨大的支援。对于今天的联合作战而言，承包商的贡献仍然很大。承包商保障能够减少对美国本土后勤的依赖，提供内容更加广泛的补给品和服务支援，从而增强现有建制后勤力量。它们起的力量倍增器作用会增强联合司令部总司令的作战能力。

当没有签订交叉服务协议、采办与交叉服务协议和东道国支援协议，或者虽然签订协议但提供不了所需的补给品或服务时，承包商就是宝贵的资源。此外，在同当地承包商签订提供补给品和服务的合同后，运输保障和军队保障人员的需要量就会随之减少，这样就会腾出更多的战略和战区内的海空运力遂行其他重点任务。后勤部队规模有限时，民间承包商的作用就显得十分重要。民间承包商可代替军队后勤人员去执行应急任务。

对民间承包商的管理和控制与对军人的管理和控制大不相同。合同中的条款规定了政府和承包商之间的合法关系。作战部队与承包商的联系主要通过合同事务官或其代表来建立。在合同事务官与承包商签订的合同中，就后勤保障事宜要提出具体的条件和规定，以保障作战部队的需求。

在任何情况下，承包商执行军事职能都是非法的。他们不应在有军人战斗行动的环境里工作，因为在那里他们会被认为是战斗人员。

二、承包商保障的类型

承包商保障分为三类：系统保障、战区外保障和战区保障。指挥官和计划人员应当知道，对承包系统或承包能力的需求必须早日确定，以便把所有为战区提供保障的承包商计入分阶段兵力部署数据中，从而使它们能够及时部署。

1. 系统保障承包商

系统保障承包商按照军种项目经理或军种部队后勤司令部预先签订的合同为作战部队提供后勤保障。他们在一切军事行动中，在所承包的系统的全寿命周期内，为这些系统提供保障（包括供应备件和提供维修服务）。这些系统包括但不限于武器系统、指挥与控制基础设施和通信系统。

2. 战区外保障承包商

战区外保障承包商按照战区外司令部的指挥和采购部门签订的合同对作战部队提供保障。这些承包商可能是美国或第三国的公司和供货商。此类合同通常都是预先设计好的，但要等到执行任务时才根据司令官的需求进行签订或修改。这方面的实例有：陆军的"后勤民力增补计划"、空军的"空军民力增补计划"、海军的"应急民力增补计划"，以及战争后备物资器材合同等。

各军种和国防部各局签订这些合同的目的在于，在全球范围内的军事行动中为美国部队提供保障。此类合同提供的服务包括但不限于以下几种：修筑道路和机场、疏通河道和港湾、码头物资搬运、交通运输、殡葬服务、住宿与膳食勤务、修建监狱设施以及清除垃圾等。

3.战区保障承包商

战区保障承包商按照在任务地区内签订的合同，或通过东道国或地区公司与供货商预先订好的合同，对作战部队提供保障。这些合同通常由部署部队的合同事务官负责签订。他们在战区、军种部队或联合特遣部队的合同事务首脑的领导下开展工作。战区保障承包商通常从当地供货商那里采购商品和服务，以满足作战指挥官的需求，即其合同能让合同事务官在军事行动之前或之中快速采购到商品、劳务和小型建筑物。

当应急行动中需要签订建筑合同时，在平时军事建筑计划中，按照4270.5号国防部指令《军事建筑职责》被指定为国防部建筑代办的各军种相应机构，有权签订建筑合同以支援军事行动。在没有指定的国防部建筑代办的国家，联合司令部总司令通常会指定一名合同建筑代理人，负责在应急行动中提供这方面的保障。

3.整合计划

（1）周密的计划有助于顺利地签订合同和明确承包商与军队各自所承担的责任。使用承包商实施后勤保障能大大提高作战行动的灵活性。但是在后勤计划中，后勤人员必须将由承包商履行的职能与由军队人员及政府文职人员履行的职能充分地整合起来。制订计划时还必须考虑对承包商未能或不被允许按照合同条款履行任务时的应急处置。

（2）尽管希望承包商在危机期间能全力以赴提供必不可少的服务，但这并不意味着在一切应急行动中承包商都能提供军队所需的服务和保障。因此，军队必须保存核心后勤保障功能，以确保在承包商无能为力时仍能对已部署的部队提供保障。

（3）无论制订周密计划还是危机行动计划，联合作战计划人员都必须考虑以下因素：任务、所需的执行任务部队、所需的保障部队以及潜在的保障来源。后者通常包括美国的军事力量、友邦和盟国的军事力量以及东道国支援等。

（4）部署前制定的计划使指挥官和合同事务官确保承包商在上岗时拥有适用的装备，并接受过适宜的训练。各军种负责保证即将部署的承包商符合合同条款所提出的要求。要求包括接受适当的免疫预防注射、采取防护措施、进行必要防护训练、了解武器性能，以及熟悉诸如核生化防护服装与面具之类特种装备的使用等。

4．可视性

（1）联合司令部总司令要让承包商具有全面的可视性，并就承包商与战斗部队的运输事宜进行协调。在联合作战中，联合司令部总司令或联合部队指挥官应指定一个军种作为执行代办，负责战区筹划、合同签订以及财务和资源管理等事宜。该军种应任命一名合同签订主管。他公布的联合合同保障计划涵盖国防部各局在指定作战区域内的所有合同。各军种和国防后勤局在"联合合同保障计划"指导原则范围内，按照军种条令和国防后勤局的政策办理签订合同事宜。

（2）联合司令部总司令或联合部队指挥官要确保在现有资源基础上将承包商保障原则纳入作战计划或作战命令中。联合司令部总司令或联合部队司令部负责对后勤需求进行审查，并根据现有资源确定优先顺序。这就在最高层面强化了合同保障的管理，并在整个战区或作战地域促进了合同保障的公正性，进而促进"联合合同保障计划"的执行。

（3）联合司令部总司令应成立"联合司令部总司令后勤采购保障委员会"。委员会主任由后勤部派出的代表担任，成员由各军种和职能司令部派出的代表组成，其主要职责是整合和管理全责任区内的合同签订事宜。为了将承包商保障纳入战区作战保障体系，对承包商的监督必不可少。监督工作主要由联合战区后勤管理机构实施。

5. 分阶段兵力部署数据

（1）分阶段兵力部署数据是一份兵力需求和运输调动文件，是一种对有限资源（包括空海运力和港口资源）实施配给的工具。联合司令部总司令或联合部队指挥官应将承包商与部队的部署同步考虑。在为战役制订分阶段兵力部署数据时，指挥官必须说明承包商保障应于何时开始以及承包商如何到达作战地域。一份加以整合后的作战计划或作战命令不但要反映军事人员的部署需求，还要反映国防部文职人员和承包商的部署需求，要说明承包商的运输是使用国防运输系统的运力还是承包商自己安排的运力。

（2）实施保障的联合司令部总司令负责确保将承包商及其装备的准确数据纳入分阶段兵力部署数据中，并与被保障的联合司令部总司令进行核实。

（3）实施保障的军种或机构负责通过提前计划和将承包商部署需求纳入合同保障计划和分阶段兵力部署数据，从而确保一旦需要即可实施承包商保障。

6. 抵达战区

高效的战区后勤组织要求对承包商保障进行整合。战区承包商保障必须通过"联合接收、集结、运送与集中"这一过程进行适当的整合。在谋划"联合接收、集结、运送与集中"行动时，指挥官和计划人员必须将承包商的要求在作战与保障计划、合同保障计划和主要合同的说明一栏中加以说明。

7. 适用法律

（1）战区合同事务主要涉及三个法律：国际法、东道国法律和美国法律。指挥官应首先向军法官或法律顾问进行咨询，并介入所有作战计划和作战命令的制订与审核，以保证其符合国际法、美国法律、东道国法律，以及适用的条约、部队地位协定、任务地位协议、采办与交叉服务协议、谅解备忘录和协议备忘录等法律文件。

（2）签订合同的单位必须使用美国标准商务法典或联邦采办法律，以便在采购保障军事行动所需要的补给品与服务时尽量减少对不太熟悉的国际法原则的依赖。在积极作战或实际占领敌方领土时，签订限制性较少的战区应急合同不失为一种保障部署部队某些需求的好办法。需要注意的是，在进入战区前必须对适用的东道国法律进行研究。

（3）承包商在履行合同时必须遵守东道国法律。承包商在雇佣和解雇雇员、支付工资和津贴、缴纳税费、提出工作场所安全要求等方面，都必须遵守东道国法律。

按照在国际协议中（如果有的话）与东道国商定的条款也可不遵守上述规定。在适用协议规定范围内，某些合格的合同雇员可从美国雇用。这样就不用向东道国交纳税金、关税，不遵守其移民法和劳工法，其待遇与美国常驻东道国的军事或民事人员一样。

国际协议可通过以下办法影响承包商保障：优先考虑利用东道国资源；限制公司承标或按合同提供商品或服务；完全禁止使用承包商。计划人员必须查明东道国法律会怎样影响合同保障，无论制订周密计划还是危机行动计划，都要把以上限制性因素考虑进去。

8. 联合司令部总司令的责任

联合司令部总司令负责查明国际协议对在其责任区内工作的承包商的限制。部队地位协定一般不包含规定承包商地位与权利的条款。在这种情况下，东道国法律就支配着承包商的地位和活动。承包商一般不享有特殊地位，除非条约或东道国明确赋予其特殊地位。

9. 部队地位协定

部队地位协定是指对处在别国领土上的武装部队成员的地位作出规定。多数情况下，部队地位协定主要涉及军人、文职人员及其家属的条款，有关承包商的条款概不涉及。在没有部队地位协定条款赋予其特殊地位和权利的情况下，承包商必须遵守东道国的法律。计划人员和合同事务官应仔细考察所有的适用协定在军事行动中对承包商地位和使用带来的影响。任何关于将承包商条款列入协定的要求均应上报联合司令部总司令或国务院，以便在按要求进行谈判时为承包商争取更多的权利和合法地位。国防部应与国务院通过谈判签订协议，给予承包商与国防部文职人员同等的地位。这一点很重要，它将确定承包商为"部队成员"，从而确保其遂行后勤保障任务。

10. 东道国和交叉服务协议

在很多国家都订有东道国和交叉服务协议。尽管在武器采办和出口方面有许多法令和限制，但只要签订东道国和交叉服务协议，这些法令和限制常常是不起作用的。虽然东道国和交叉服务协议对东道国来说用处不大，但后勤保障物资可从任何与美国签有"采购与交叉服务协议"的国家获取并运至作战地域。因此，计划人员和合同事务官应将这些协议纳入作战计划和命令中，或者以此作为计划和命令的参考资料。

11. 特定战区政策

联合司令部总司令应在作战计划中明确战区特有的政策和要求。这些政策和要求要写入工作和目标报告，以便在合同谈判过程中加以研究。

如果某次特定战役要求依据现有合同进行保障，联合司令部总司令应在作战计划中对承包商明确指出保障需求，同时将战区内军人享有的一切特有政策和要求一并通知随军部署的承包商。战区特有政策和要求主要有：战区准入要求、核生化训练、武器装备训练、禁止的活动、当地习俗和礼仪、车辆驾照的颁发、有关部队地位的主要条款以及国际协议等。

12. 有关承包商战时地位的法律

随同武装部队行动的美国和外国承包商（一些在当地雇佣的提供家政服务的人员除外，他们是非战斗人员）被认为是随同部队部署的文职人员，既不是战斗人员，也不是非战斗人员。这样，根据他们履行的职能或所处的地理位置，极有可能遭受来自敌方行动的威胁。1949年制定的有关战俘待遇的《日内瓦公约》规定，在国际武装冲突中随同部队部署的文职人员，一旦被俘与作战人员一样享有战俘的地位。

为了确认其随军文职人员身份，指挥官应为他们发放能证明其身份的武装部队日内瓦协议卡。除化学和防护等专用装备外，承包商一般不着军队制服。如果伪装和军事行动需要，可让承包商穿着战斗制服。在这种情况下，指挥官应确保承包商配戴一个能显示其承包商身份的标志。具体事项应通知司令部军法官。

13. 承包商安全

国防部承包商雇员的安全由承包商自己负责，除非有效合同条款规定，将其安全交给另一方（联合司令部总司令）负责。总司令应确保作战计划、作战命令和主要合同中有承包商安全的条款。

随同美国部队部署的承包商原则上不配发武器。无论以前当过兵或现在是预备役人员，承包商都不能算作军事人员。为部署在情况不明的环境或敌对环境中的承包商配发武器，会使其身份模糊，从而使其被当作战斗人员而成为攻击目标。除非东道国法律、部队地位协定或其他国际协议明确允许承包商携带武器，否则美国部队没有任何法律依据给承包商配发武器。但是，如果不是在国际武装冲突的环境中，或者是在非常有限的特殊情况下（例如，在无军队提供安全的孤立地区为保护自身不受盗匪或危险野生动物的伤害），只要不违反东道国法律和武装冲突法，就可以给承包商配发武器。在有限的特殊情况下，武器的配发必须得到联合司令部总司令的授权，并依照相关武器训练和安全操作条令行事。此外，联合司令部总司令应确定是否需要对承包商进行核生化防护训练。

14. 其他勤务和装备

合同应说明提供给承包商的其他勤务和装备，如个人防护装备、口粮、住房、洗衣、洗澡、医疗、法律、殡葬、福利、娱乐、邮政和宗教服务等。根据作战环境的不同，以上服务可由承包商、军队、东道国或第三方提供。除非承包商在前方地域提供的服务紧急必要，且军方又无法取代这些服务，否则必须采取措施把他们从敌人即将进攻的地域后送或转移出来。在某些情况下，承包商可能要同军人一样，需要在野战条件下生活和工作。

指挥官应保证将其他勤务（如在供销社购买服装和个人卫生用品的权利）也写进主要合同和作战计划或命令中，并做好准备在情况容许时可迅速修改这些文件。

15. 纪律

承包商应通过雇主雇员关系条款使合同雇员遵守纪律。雇员可能因为犯罪行为而被雇主按照雇佣协议条款给予惩处。合同雇员必须遵守东道国的刑法。但以下情况例外，即合同雇员在战时被归入"部队地位协定"的管辖范围，或相关条约或协议另有规定。

指挥官对承包商的犯罪行为没有惩处权。同样，如果承包商依照东道国法律被拘留或起诉，指挥官也不能提出由自己裁判或要求释放，除非按照部队地位协定或其他与东道国签订的协议规定承包商的地位受到保护。但是，按照美国联邦刑法（第18节，第2441款），美国公民（包括承包商）如果犯了这部法典认定的战争罪行，就要受到审判。审判一般都在美国本土法院进行。该公民可享有凡被指控违反了美国联邦刑法者都能得到的一切司法保护。

计划人员和合同事务官应把纪律条款纳入主要合同和作战计划与命令中，同时确保承包商将这些条款也纳入自己的雇用合同中。合同中的纪律条款主要涉及许可证的取消或暂停使用、离开基地或设施的限期以及特权的取消等内容。

16. 承包商重新部署

有序地撤销或终止承包商活动能够确保必不可少的承包商保障在需要时仍能发挥作用，承包商装备和人员的运输也不会在忙乱中妨碍整个重新部署过程。因此，就制定周密计划而言，承包商撤离作战地域与军事人员撤离作战地域同样重要。任何可能引起在环境、法律或财政方面向美国提出索赔要求的承包商活动，都必须在停止承包商保障和重新部署承包商之前加以严密监控。

对于返回美国的承包商来说，其重新部署计划和实施过程与军事人员相同。来自第三国或东道国的承包商，其重新部署的手续要比返回美国的承包商简单得多。尽管如此，仍需认真考虑他们何时终止合同规定的业务，必要时还要考虑他们在什么时候以何种方式撤离作战地域。

附录一　国防部内有关人员和部门的后勤职责(《美国法典》第10编之规定)

1. 国防部长

国防部长负责以下事项。

(1) 制订国家安全应急作战程序,并在房产控制、征购、出租、转让,以及占用国防部所辖不动产之优先顺序等方面同住房与城市开发部部长对上述程序进行协调。

(2) 审查由其他联邦部局制订的优先顺序和配给制度,确保其在国家安全出现紧急情况时符合国防部的需要。

(3) 与运输部部长和联邦应急管理局局长合作,确定动员准备、国家防务以及遭敌攻击后的生存与恢复所必需的工业产品和设备。

(4) 与运输部部长和联邦应急管理局局长合作,分析与国家安全有关的应急事件对实际生产能力的潜在影响,要考虑到生产体系的全局情况,包括资源的短缺,并制订加强生产能力的准备措施,以便在出现紧急情况时增加生产。

(5) 在其他联邦部局首脑的协助下,对战略物资和紧缺物资的储备提供管理上的指导;实施战略物资和紧缺物资储备品的储存、维护和质量保证作业;拟制有关战略物资和紧缺物资储备的计划、规划和报告。

2. 国防部长办公厅

国防部长办公厅是由文职人员组成的国防部长的参谋机构。

其中，同后勤事务关系最为密切的人员有：主管采办、技术与后勤的国防部副部长、主管政策的国防部副部长，以及主管后勤的国防部副部长帮办。主管政策的国防部副部长履行应急战备职能。主管采办、技术与后勤的国防部副部长通过下达 5000 系列的国防部指令提出采办政策。主管后勤的国防部副部长帮办是国防部长确定后勤需求的主要参谋顾问。他进行后勤保障能力的兵力结构分析，这里说的后勤保障包括装备的修理和保养以及补给管理。此外，他还指导和控制国防后勤局。

3. 参谋长联席会议主席

参谋长联席会议主席是总统和国防部长的主要军事顾问。其涉及后勤方面的职责如下。

（1）制订保障战略计划的联合后勤和机动计划，并根据这些计划提出向武装部队分配后勤与机动职责的建议。

（2）根据在制订和审查应急计划期间发现的部队能力（包括人力、后勤和机动保障）的重要缺陷和优点，向国防部长提出意见，并评估这些缺陷和优点对达成国家安全目标和执行有关政策的影响，以及对战略计划的影响。

（3）在同各联合司令部总司令磋商后，建立和保持一个统一的系统，用以对各联合司令部执行其既定任务的准备程度进行评估。

（4）审查各联合司令部总司令的后勤计划和规划，判明其对完成既定任务的适宜性和可行性。

（5）为工业动员和人力动员规划的制订提出总的战略准则，并呈报国防部长，使其了解和考虑。

（6）制订与后勤有关的军事援助计划和对其他与外军有关的行动提出军事准则，并呈报国防部长。

（7）根据美国的战略计划，拟制军事需求说明书，并呈报国防部长，使其了解情况，以便编制预算时参考。这些说明书应包括任务、任务的优先顺序、兵力需求，以及修建军用基地设施、装备和维持军队等方面的总体战略指导。

4. 各军种部

各军种部部长负有下列后勤职责。

（1）对本部一切事务行使领导权，这些事务包括兵力的招募、编组、补给、装备、训练、服务、动员、复员、管理和维持；军事装备的研制、保养和修理；房屋、建筑物和公用设施的建造、维护和修理；不动产和自然资源的获取、管理和处理等。

（2）加强部队的战备，建立人力、装备和补给品的储备，以便有效地作战和实施军事行动。

（3）保持机动预备役部队的战备状态，使其有适当的编组、训练和装备，以便在应急事件中运用。

（4）征召、编组、训练和装备具有相互适应性的部队，以便派往各联合司令部。

（5）开展研究活动；制订战术、技术和编制；研制和采购为履行国防部长规定之职能所必需的武器、装备和补给品。

（6）建立、扩展或维持基础设施，以保障使用设施和基地的美军部队的需要，并在国防部长无不同指示的情况下提供行政保障。

5. 各军种

陆军、海军、空军和海军陆战队在各自军种部部长的指导下，海岸警卫队平时在运输部战时在海军部的指导下，负责执行国防部第 5100.1 号指令所规定的职能。在国防部长无不同指示的情况下，他们要为本军种的部队提供后勤保障，包括采购、配送、补给、装备和维修等。

6. 美国特种作战司令部司令

美国特种作战司令部司令负责研发和采办特种作战专用装

备、器材和补给品。特种作战专用装备、器材和补给品是指，保障特种作战部队遂行任务所需的特种作战专用装备和物资。这些装备和物资主要通过美国特种作战司令部所属军种部队的后勤基础设施，经与战区军种部队协调，提供部署在战区的特种作战部队的。

7. 国防后勤局

（1）国防后勤局是国防部的一个战斗保障局，由主管采办、技术与后勤的国防部副部长控制与指导。该国防部副部长对国防后勤局遂行指导、领导、控制和日常监督职责。国防后勤局在所有军事行动中向各军种部和各联合司令部，以及向指定的国防部其他部门、联邦机构、外国政府或国际组织提供全球性的后勤保障，从而作为国防部军事后勤系统的一个组成要素发挥作用。国防后勤局负有下列后勤职责：

对大批量供应的给养、被装、散装油料、建筑材料、医疗器材和武器系统零配件实施综合管理；

提供财产处理服务；

提供合同管理服务；

供应由国防后勤局管理的物资器材；

提供一支国防后勤局应急保障队，以满足联合司令部总司令的应急保障需要。

（2）在应急行动期间，国防后勤局将建立战区局属业务统一管理机构，并将国防后勤局应急保障队作为负责国防后勤局事务的单一联络点。国防后勤局应急保障队的职能，是为联合司令部总司令、联合部队指挥官、联合战区后勤管理分部提供后勤保障的。国防后勤局应急保障队提供的保障标准，以联合司令部总司令向国防后勤局提出的需求为依据。可部署的国防后勤局应急保障队是按应急任务的需求而专门组建的，规模小到 4 人，大到 80

人不等。它由初始反应组、指挥保障分队和各职能分队组成。此外，还要为国内救灾组建一支国防后勤局应急保障队，此保障队由初始反应组、指挥保障分队、配送作业管理分队和机动作战分队组成。

附录二　联合司令部后勤部门编制与职能及联合后勤中心、办公室和委员会的职能

1. 概述

本附录介绍从各联合司令部后勤部门之合理编制及其战时职能的实践经验和调查研究中得出的一些认识。这些认识所含的指导思想是一般性的而非指令性的。本附录提供信息的含义，其适用程度对不同联合司令部而言有很大差别。

2. 有关编制的注意事项

由平时编制向不同的战时编制过渡往往没有多少时间。为实现过渡而付出的任何努力都会减少可用来解决兵力部署和战时其他初始后勤任务所带来的重大后勤问题的资源。因此，后勤编制应设计得能适应预计的战时需要。

（1）在联合司令部的参谋部门，这些任务最有可能以协调和计划职能的形式出现，并且是从联合司令部总司令的使命中派生出来的。因此，为了落实或改进参谋部门的编制，必须预先将战时任务进行任务安排。

（2）虽然后勤部门的编制应以战时任务为依据，但平时的人员配备大可减少。不过，仍要定好战时的满员编制，以便于快速扩编。若扩编时使用预备力量，就能以训练有素的专业人员来保障战时需要。关键是，在作战命令的分阶段兵力部署数据文件中，对扩编人员要提前验明身份进行训练并让其参加演习。

（3）围绕战时任务确定编制，并不排除（实际上还鼓励）将

某些特殊的后勤计划任务或某些联合后勤职能的实际操作交给所属的军种部队去做。

3. 关键性职能

联合司令部总司令在战时通常要组成若干指挥中心和作战计划组。这些单位的后勤参谋人员通常由后勤战备中心予以支援，或由来自油料、弹药、工程、补给、地面运输、海运、空运和卫勤等不同职能领域的代表构成。后勤战备中心接受来自各军种部队和外部来源的报告，提炼其中的信息呈送联合司令部总司令，并对存在的问题作出反应。各联合司令部后勤部门除开设后勤战备中心以及派代表参加指挥中心外，还将行使下述四项关键性职能：

（1）监控现有的和正在出现的战区后勤能力。从各军种部队收集来的有关现状的信息应有助于回答下述问题：

是否有任何预定的作战行动因后勤的限制而陷入困境？

是否有任何类型的作战行动因后勤无力保障而无法考虑？

报数据应以现有储备量和预期消耗量的总额对比的形式出现，并应说明紧缺品和弹药需要量中有多大百分比现已获得。

后勤状况信息应换成保障能力，即现有的和即将到的资源所能保障的作战类型，包括诸如战斗激烈程度、作战持续时间和战役可达距离等因素。 总之，这项职能包括收集、汇总、说明和解释有关战区当前和尔后后勤状况的数据，然后把这些数据与联合司令部总司令正在考虑的作战行动联系起来。

（2）根据即将到来的作战行动协调后勤保障。这项职能包括发出指示，将后勤保障责任由战区某一军种或地区移交给另一军种或地区。力量从一个下属军种或地理区域向另一下属军种或地理区域转移。为了正确履行这一职能，后勤参谋人员需要知道各军种之间的物资的通用性、后勤部队的能力、各军种部队资源的位置以及有哪些物资正在运往战区的途中，怎样理解衡量补给水平的不同手段等。

（3）就拟议中的作战计划或行动方案的可保障性向联合司令部总司令提出意见。由于各军种部队的后勤保障由本军种负责，所以各军种部队也必须提出这方面的意见。然而，在各军种部队介入详细的估价之前，联合司令部总司令的后勤部门应能在各联合司令部一级对行动方案作出总体分析。

（4）充当联合司令部总司令同战区后勤机构打交道的代理人和辩护人。这项职能包括向参联会主席定期报告后勤状况并申请拨给额外的资源，督促将保障优先顺序传达给各保障机构，督促对部队和补给品的流量进行调整，并与盟国及它们的上级联合司令部协调后勤事宜。

4. 联合后勤中心、办公室和委员会

下面是参联会主席、联合司令部总司令或下属联合部队指挥官为协调后勤工作而可能建立的联合后勤中心、办公室和委员会。

（1）后勤战备中心

后勤战备中心由联合司令部总司令提名成立，成员由司令部后勤参谋组成，主要任务是负责对支援指挥中心和作战计划组提供支援。

后勤战备中心从联合司令部、各军种部队及外部来源接收报告，提炼其中的信息，呈报联合司令部总司令，并对存在的问题作出反应。

（2）联合运输中心

联合运输中心是在联合司令部总司令的后勤部门监督下成立的，负责执行联合司令部总司令下达的任务和规定的优先顺序。

联合运输中心协调各种运力（包括盟国或东道国提供的运力）的使用，以保障作战方案的实施。这种协调是通过在划分的战区内确定战略运输或战区运输的政策来实现的，运输政策要符合需求的相对紧迫程度、港口与终端能力、现有运输能力，以及由联合司令部总司令规定的优先顺序。联合出版物 4-01《国防运输系

统联合概则》提供在使用通用运力时需要遵循的联合运输程序，后勤计划人员只要有该出版物，在工作中便可随时查阅。

运输需求超过了运输能力，或当相互矛盾的需求造成难以解决的冲突时，后勤部门应根据情况指导制定分配通用运力的行动方案，或向联合司令部总司令提出这方面的建议。

尽管联合运输中心的职能和责任可以因情况不同而有所区别，但该中心通常要做以下工作：

①与联合作战计划与实施系统建立接口，以监控部队和补给品的部署，以及必要时对其采取变更措施；

②分析用户发运、接收和装卸物资的能力，并提出关于能力不足的解决办法的建议；

③就可能对应急作战行动产生负面影响的运输问题向后勤部门提出意见；

④在运输方面充当与东道国和同盟伙伴国之间的联络机构；

⑤传达有关东道国运输系统、设施、装备和人员的信息。

为保障联合运输中心的工作，可能需要同以下单位建立通信联络：

①所有运输控制单位（如运输控制中心、空运控制中心、水运终端管理中心）；

②所有军种部队；

③美国运输司令部及其下属军种司令部（空中机动司令部、军事海运司令部和军事交通管理司令部）。

（3）负责油料的后勤参谋军官和分区油料办公室

通常，联合司令部联合油料办公室对大批量供应的散装油料提供管理保障。负责油料的后勤参谋军官的主要职责如下：

①协调油料计划工作和任务执行事宜；

②协调向联合特遣部队供应通用散装油品；

③根据国防部 4140.25-M 号条令《散装油品的管理及其储存

和分发设施》同各军种部队协商确定散装油料需求量，通过国防能源保障中心的各供应点确保油料储备的建立；

④向联合司令部总司令提出关于对油品及设施进行必要的再分配和定量分配的建议；

⑤监督质量监督计划的执行。

当战术行动要求在战区内对大批量供应的散装油料实行范围广泛的管理时，联合油料办公室可建立一个分区油料办公室，所需增补的工作人员可由各军种部队提供。分区油料办公室的主要职能是，执行联合部队后勤部门油料供应的责任。它将遵守由各联合司令部和国防能源保障中心按照国防部 4140.25-M 号条令规定的行政与技术程序。分区油料办公室的主要职责如下：

①审查和汇总本地区的再补给需求，并经联合油料办公室报国防能源保障中心；

②发放或重新分配预置的战争物资储备；

③协助国防能源保障中心在责任区内履行有关的保障职责；

④适时了解战况，并向东道国提出油料保障需求。

（4）军民联合工程委员会

军民联合工程委员会为战区内军民通用的建筑和工程需求制订政策、程序，规定优先顺序，并实行全面指导。

该委员会是一个临时性机构，由联合司令部总司令组建。其人员来自各军种部队以及负责保障地区作战指挥的各机构。

该委员会仲裁联合设施利用委员会向其提出的所有问题，适宜时还负责制订土木工程保障计划。

该委员会应与承担本责任区工作的地区或战区战时建筑管理部门协调其活动。凡该委员会用联合部队自身资源不能解决的建筑和工程需求，应上报地区或战区战时建筑管理部门请求支援。

（5）联合设施利用委员会

该委员会评估和统一安排各军种部队对不动产的申请，以及对使用现有设施、军种间支援和基建工程的申请，以确保联合军民工程委员会规定的优先顺序得到遵守。

该委员会是按各联合司令部总司令或其下属联合部队指挥官的命令成立的，由该指挥官的后勤部门首脑任主席，委员来自各军种部队和任何需要的特殊机构（如法律或民事机构）。

该委员会也提供行政保障，并充当联合军民工程委员会所派任务的执行机构。

该委员会的行动要遵循联合出版物4-04号《土木工程保障联合概则》的有关条款。

（6）联合司令部总司令后勤采购保障委员会

各联合司令部总司令在所辖部队范围内协调合同签订事宜。这项要求可以通过其后勤采购保障委员会来实现。该委员会是一个为使采购计划能得到周密协调而组建的临时委员会。

该委员会由后勤部门的一名代表任主席，其成员有来自下属各军种部队司令部和国防后勤局的代表。

虽然该委员会的职责与各军种部的职责基本一致，但并不重复。它应遵守有关法律、国防部指令、联邦采办条例，以及国防部联邦采办条例的补充条款。其职责如下：

①承包商保障是战时弥补军队建制后勤力量不足的有效途径。后勤采购保障委员会应对承包商潜在损失给后勤带来的影响进行评估，并按照国防部3020-37号指令制订保障计划；

②就补给品和劳务的筹措和履行与美方签署的有关作业、施工等合同事宜，与美国大使馆和东道国进行协调；

③在可行时安排单一军种为获取特定补给品和服务签订合同，以避免重复；

④在负责签订合同的机构之间交流有关补给、来源、价格和承包商工作效率等方面的信息。

⑤提供统一的采购指南；

⑥制定和发布司令部有关政策，或授权下属联合司令部发布政策；

⑦规定将采购与指挥官和地区的补给作业加以协调的程序；

⑧根据货币管制要求和国际协议确定支付方法；

⑨必要时与有关部门协同颁布关于其他国籍雇员的工资、生活补贴及其他福利的补偿指导原则。

（7）战区伤病员运输需求中心

战区伤病员运输需求中心由联合部队军医主任控制，负责从查明床位需要量的角度协调和管制规定的责任区以内和以外的伤病员运输事宜。该中心制定战区计划和时间表，然后修正（如有必要）和执行全球伤病员运输需求中心发布的时间表，最后将伤病员后送到医疗救治机构。该中心实施特混编组以保持灵活性，便于对战术情况和联合司令部总司令下达的任务做出反应。

（8）联合供血计划办公室

该办公室设在联合部队军医主任办公室内，实施特混编组以适应作战需要，配备的人员为来自各军种部队的代表和熟悉血库技术的代表。

该办公室在规定的责任区内负责计划、协调和指导血液和血液制品的搬运、储存和分发。它还负责汇总补给需求，并呈报武装部队供血计划办公室。

如果形势需要，应按联合司令部总司令的命令设置地区性的联合供血计划办公室。

（9）联合殡葬事务办公室

陆军部队指挥官通常被指定为战区殡葬事务计划的执行官，该计划的内容包括在联合司令部后勤部门的参谋监督下组建和运营联合殡葬事务办公室。

联合殡葬事务办公室负责计划和办理所有的殡葬事务。该办公室在划定的战区内提供指导，使所有殡葬计划能够顺利执行，并根据需要持续登记关于所有美国死亡和失踪人员收集、辨认和处理的数据。它还充当所有殡葬事务和伤亡信息的中心交换站，并监督死亡和失踪人员私人财物处理计划的执行。

（10）联合医学监督小组

职责如下：

对部队保健卫生工作进行协调、监控和评估，以支援联合作战行动；

提供临床和行政管理专业知识，以确保遵守卫生监督政策与计划；

正确记载采取卫生监督措施的所有资料，包括部队部署前后的问卷调查、血清取样、免疫、疾病与非战斗伤害报告，以及环境监测取样等；

协助执行风险通报和卫生教育及训练计划；

收集和分析健康威胁和卫生监督数据；

为最大限度地减少伤亡和优化卫生准备提出干预策略；

编集积累的经验教训以求在尔后的作战行动中完善卫生监督计划。

（11）联合物资保障优先顺序与定量配给委员会

该委员会负责：

修改物资器材配给的优先顺序，提出这方面的建议，以满足战区的后勤需求（包括美国与盟国部队的需求）；

审查修改部队和机关番号的申请书，采取相关行动，并呈报联合参谋部；

审查规定或改变急需品总表中的优先顺序申请书，采取相关行动，并呈报联合参谋部。

（12）联合运输委员会

联合运输委员会应规定在战区内的运输优先顺序和分配通用运输资源。凡各下属军种部队指挥官提出的对既定配额进行再分配或调整的申请，均由该委员会处理。

附录三 作战计划和概念作战计划的后勤指标与检查清单

1. 后勤指标

下列后勤注意事项是一份指导性材料，可以用作评估不同作战方案的后勤可行性指标。这些指标绝非毫无遗漏，评估它们只是判明紧要信息需求或制定作战计划或概念作战计划时必不可少的分析工作程序之一。除非另有规定，这些指标适用于战略和战役一级的后勤。

（1）物资供应源只能由各军种和原始供应部门确定，且必须在所有的有关部门之间早日建立联络，以便于评估。具体指标为：

战区内的、美国本土与战区之间补给线上的，以及在美国本土的紧缺补给品和装备器材的状况；

战备储备物资的预先配置情况。

（2）补给线上或战区内的瓶颈。

（3）设施与资源的状况。

（4）运输控制方针。

（5）交通线与站点的安全状况。

（6）战时东道国能否提供支援。

（7）战勤保障的阶段划分与准备状况。

（8）保障前方作战所需的本土供应线或生产线的生产效率。

（9）集中状况（是否在决定性时刻和确定性地点集中了优势

资源以形成强大的战斗力）。

（10）可视性（指挥官们是否随时了解自己拥有何种后勤力量，其位置在何处）。

（11）机动性（司令官们是否了解战区运力保障战役调动的能力，是否知道把部队和后勤资源运到决定性的集中地点要用多长时间）。

（12）装备器材的运输构成（有无充足的运力在需要的时间和地点运送装备器材，有无能力在需要时改变装备器材的构成以便于运输）。

（13）前方部队补给短缺而后方梯队储备过多的情况。

（14）后勤系统中某些环节存在的严重浪费或失窃情况。

（15）非战斗人员疏散命令对后勤保障的影响。

2. 作战计划与概念作战计划的检查清单

计划人员应确保在作战计划的有关附录中对后勤工作中存在的问题加以说明。有关作战计划的考虑事项如下。

（1）是否已对作战计划或作战命令进行了彻底的审查？

（2）与后勤有关的附录和概算是否已经编出？

支持后勤自动化系统的通信联络是否已经确定并列入了附录？

是否包括了补给品的初步分送安排？

后勤计划是否同各军种指挥官进行过协调？是否考虑过把战区某些物资的保障职责交给作为主要用户的军种？

是否包括了人员、装备和补给品的运输？是否为运输途中的防卫做了充分准备？

是否包括了预计的非战斗人员疏散命令和难民对路线、勤务、设施和后续保障的影响？

是否包括了建筑和其他工程需求？是否考虑了制定一份障碍物资设置计划？其所需物资器材是否已经确定以便寻找供应

来源？

是否制定了环保计划和有关附录？是否包括了有关采购、储存、发放以及危险物资和废弃品处理的条款？是否对输送危险废弃物跨越国境线作了相关规定？是否确定了采取行动来恢复和补救受到污染的军事行动场所？

（3）所属部队靠现有的补给品能维持几天作战？是否安排好了后续补给品的分阶段供应以保障连续作战？安全储备量是多少？

（4）油料

油料保障的方针是什么？

有什么样的东道国支援？

下属军种部队承担什么油料保障责任？他们是否已提交油料需求量概算？

是否已与联合油料办公室或国防能源保障中心共同做出安排，签订由东道国供油的合同？是否应该建立一个负责油料再补给的分区油料办公室？

是否已经制定油料质量监控计划？

是否已经选定油料储存的方法和地点？是否已为这些地点的警戒作好安排？

是否已为指定的战区内油料运输做好安排？

（5）弹药

本次战役所需的重要弹药有哪些？

这些重要弹药有无充足储备？

是否已对这些弹药作恰当的转移、配置，或找好供应来源以保障战役？

能否在不同军种部队之间进行调剂，或从外军获取调剂作为应急办法来弥补任何重要弹药的短缺？

各军种部队是否已提交弹药再补给需求量的概算？

是否已经选定弹药储存地点？

是否已为弹药储存地点的警戒做好安排？

是否已为战区内的弹药运输做好安排？

（6）医疗分析

医疗任务、职能和责任是否已经明确和作出具体分配？

是否已经做好向美军以外的人员提供紧急医疗援助的准备（这些人员包括非战斗疏散人员、承包商、直接支援美军的盟军人员，以及敌军战俘等）？

是否已经制定战区医疗后送政策？如果已经制定，是否已经查明医疗保障力量需求量和伤病员负荷量？

部署的部队是否有足够的医疗保障力量确保伤病员救治的连续性？是否所有的医疗单位都有分阶段兵力使用与部署数据？这种分阶段兵力使用与部署数据能否按计划及时收到？

是否对医疗保障能力和预计的再补给需求量做出概算？

是否已确定卫材的再补给渠道？是否已确定唯一的综合卫材供应管理者？在可行的情况下，是否做好建立卫材仓库的准备？

是否已成立战区伤病员运输需求中心来对所划定的责任区以内和以外的伤病员运输进行协调？

是否已经启用联合供血计划办公室或类似的职能部门在所划责任区内计划和协调血浆的管理、储存和发放，以及汇总补给需求量，并呈送武装部队供血计划办公室？

是否已确定医务人员扩编计划，并上报需求量？医院有无足够的人员和设备保障危重伤病员的运送？是否准备了充足的担架、绷带、毯子以及所需的其他补给品以保障预计工作量的完成？

是否已经做好建立和使用固定翼飞机医疗后送系统的准备？

是否已经确定主要的和备用的航空医疗后送机场？

是否已经制定预防医疗办法，并配备了充足的人员，以确保派到战区的人员的健康和福利受到保护？是否制定了卫生监督计划？

医疗通信渠道、医务人员使用的频率以及任何专用的或医疗部门独有的通信网络、操作程序或需求是否已经明确？

（7）单兵卫生准备指标

是否已对部队的卫生准备状况进行评估？部队卫生准备的指标如下。

①免疫：

联合指示；

联合司令部总司令的专门指示。

②随军医疗档案：

血型；

药物适应或药物过敏；

执行特勤的资质；

免疫记录；

部署前的问卷调查。

③牙科等级Ⅰ或Ⅱ。

④前12个月内的艾滋病检验。

⑤12个月内的结核病皮肤试验。

⑥存档的脱氧核糖核酸样品。

⑦最近按军种规定进行的体检。

⑧90天的处方药品储备量。

⑨所需的医疗器材。

⑩是否有新的或未解决的健康问题。

（8）持续保障能力分析

是否已经制定维修、后送和重复利用作业的程序？是否需要在没有设置国防资源再利用管理办公室的战区提供废旧物资处理保障？在战区附近有无可用的国防资源再利用管理办公室？

是否需要有军种间的或战时东道国支援的协议或协调？

是否已安排好非建制的维修力量提供支援？

是否已经设立联合殡葬事务办公室以计划并协调所有殡葬事宜（如死亡人员的遗体认定、运送和临时掩埋，以及个人遗物的收集和处理等）？是否有一个联合殡葬事务办公室作为军墓登记信息的中心交换站？是否已经制定包括如下内容在内的殡葬事务守则：死亡人员处理计划；协同运输计划；军墓登记计划；个人遗物处理计划；遗体后送计划。

是否已在医疗管理部门配合下确定洗衣和淋浴保障的需求，并将环境因素考虑在内？

是否已对现有设施、不动产、军种间支援以及房屋建筑的各军种申请作出评估，并定出了优先顺序？

是否已经做好战损修理（如跑道快速修理）的准备？

是否需要有一个联合司令部总司令后勤采购保障委员会来协调合同签订事务？是否需要有联络人员在战区内就诸如油料和其他财产、再利用和销售以及合同管理等事宜提供援助？

关于同美国驻外使馆及东道国协调补给品和劳务采购事宜，是否已制订出相应办法？

是否已经制定联合后勤通信计划以便为后勤指挥官的指挥与控制需求提供总的指导？

是否已为机要后勤数据的传输制订周密的安全措施？

是否考虑了在划定的战区内由美国向友好国家提供更多的安全援助的需要？

（9）运输分析

是否已查明联合使用运力的需求量？

是否已成立联合运输中心（如有此需要），以确保运输申请得到审批和通用运力资源得到最有效的利用？

对通用运力的需求、其能力的大小和效能的高低是否进行了监测？

对运力的短缺和优先顺序方面的矛盾是否进行了确认？

有哪些战时东道国运输设施和装备可供利用？

联合运输中心是否已对东道国运输系统、设施、装备和人员的信息做了评估和予以公布？

联合运输中心是否已与联合作战计划与实施系统建立通信联络，以便监控部队和补给品的部署，并在必要时予以改变？

中编

美军联合作战工程保障顶层设计

第一章 导言

一、通则

1. 概述

在联合作战中，需要大批工兵遂行用于支援作战所需的各种任务。这些任务可分为土木工程、地形工程或作战工程。工程保障相当于一个"力量倍增器"，可为联合部队的动员、部署、使用、维持和再部署等整个军事行动提供支援。工程部队可使联合部队在威慑／交战、夺取主动、决定性作战和过渡等四个阶段作战中的作战能力大为提高。

2. 本出版物与联合出版物 3-34 的主要区别

事实上，联合出版物 3-34 系一份联合作战工兵纲要。该纲要涉及内容较广，不仅探讨了诸如作战、地形和土木工程等细节问题，而且还讨论了诸如联合工兵的基本原则、指挥关系、计划制定以及作战等问题。而本出版物意在向指挥官提供有关实施土木工程保障的详细情况。本出版物中出现的"civil engineering"与 JP3-34 中出现的"general engineering"实属同义词，均为"土木工程"之意。

二、土木工程保障的作用

土木工程保障与战略、战役和战术等军事行动密切相关，对达成国家安全目标至关重要。

1. 战略层次

实施土木工程作业的目的是为将来实施联合作战预设战场。计划并实施土木工程作业也是为了对指挥官的战略思想和战区作战计划以及应急作战提供支持，同时还有助于联合司令部总司令和下属联合部队指挥官为未来的军事行动做好准备。土木工程保障包括改进基础设施、兴建海外基地以及支援联合作战和多国部队作战等其他活动。工程项目将使部队投送和维持战斗力的能力大为提高。由于这些项目建设周期长，因此平时就需列入规划并开工建设。

2. 战役层次

联合司令部总司令负责建立指挥与控制关系，包括协调土木工程事宜以对战役目标提供支援。土木工程作业应符合联合司令部总司令的作战思想，并着力提高战区的后勤支援能力。土木工程保障具体涉及支援联合部队动员、部署、使用、维持和再部署等整个军事行动所需的主要设施、工程修建政策、环境因素以及分配土木工程资源等内容。工程假定应满足所有联合部队的战役需求。为确保有效利用有限的土木工程资源，包括将这些资源在军种间重新分配以达成战略和战役目标，司令官有权对后勤实施直接指挥。

3. 聚焦后勤

聚焦后勤是在2010联合构想中提到的四项作战概念之一，同时也是联合作战达成全谱优势的必备条件之一。聚焦后勤的含义是，将信息、后勤（包括土木工程）和运输技术融为一体，为应对各种军事危机或事件提供敏捷保障。土木工程将通过向整个军事行动提供敏捷工程保障的方式，为21世纪以建设"灵巧基础设施"为主要内容之一的聚焦后勤提供支持。敏捷的工程保障可使部队迅速而有效地将部署部队、装备和维持品运往战区。此保障由工程部队提供，他们或者迅速改善现有基础设施，或者以备份设施取而代之。土木工程保障大致包括以下内容：增加主要设施以提高机场、港口、主要供应线和交通线的运行质量；为中间集结区域和集中地域采购不动产和通过租用或购买现有设施及新的建筑物提供设施以满足部队驻营、基地扩建和联合部队长期维持的需求。

三、土木工程保障的功能和主要使命

及时的土木工程保障对联合司令部总司令成功实施联合作战的能力至关重要。计划并实施土木工程作业将贯穿整个军事活动的始终。在任何作战的整个阶段，工兵将为联合部队提供实现全谱优势所需的一切手段。

1. 前进基地的建设和维护

全军工程部队均负责对前进基地的建设和维护提供支援。具体地讲，工程部队将通过以下方式对前进基地的建设提供支援：兴建并维护部队驻营设施；改善系统性能以对联合越岸后勤提供支援；兴建、维修和维护设施；提供通用保障；架设桥梁；安装散装油料与分发系统；搭建预制装配的隐蔽棚；对部队现有防护能力进行评估，同时指出为确保部队防护需求需要改进、完善的领域以及对机场混凝土路面进行抢修与养护等。前进基地建设包括两项内容：一是兴建支援物资接收与中转设施、人员休整与装备改装场地和机场作业所需的各种设施；二是修建联合部队实施战时军事行动（不含诸如外国人道主义援助、灾害救助以及和平行动等非战争行动）所需的基地营地。土木工兵将通过向联合部队指挥官提供支援部队防护举措所需的主要工程建筑的方式，提高联合部队的生存能力。欲知有关前进基地的建设和维护详情，可参见"土木工程保障作业"一章（第四章）。

2. 预置保障

为方便将联合部队及其装备和物资远程部署到接收、中转和集中地域以及装备物资储存地，工兵首先需要对基础设施需求做出评估，待准确把握基础设施需求后，可通过设施修建（用于储存物资）、不动产管理和签订各种合同的方式对预置部队提供支援。由于目前东道国支援能力特别是空运装卸港和海运装卸港吞吐能力强弱不一、大小不等，因此，部队工兵可通过诸如陆军后勤民间人员扩编计划、海军工程修建能力合同计划和空军合同扩编计划等民间人员扩编计划，对东道国提供支援以弥补其支援不足。为对海军和海军陆战队海上预置部队计划提供支援，海上预置部队陆战远征旅、海军机动修建营和海军远征医疗系统所需预置装备由舰到岸的运送具体由海军工兵负责。欲知有关提供应急合同的详情，参见"土木工程能力"一章（第五章）。欲知有关对预置部队提供支援的详情，参见"土木工程保障作业"一章（第四章）。

3. 对联合部队接收、集结、运送和集中行动的保障

对联合部队接收、集结、运送和集中行动实施工程保障涉及的职能较广。主要职能是为部队接收、集结、运送和集中行动采购所需的工程营房设施。土木工程保障要对东道国用于集结人员、卸载装备与物资的设施的质量及类型进行评估。作业内容主要是对航空装卸港和海运装卸港的设施进行修建、完善和维护。对防卫薄弱的部队实施工程保障，也是工程保障的主要任务。此外，还需要工兵修建主要供应线并对其定期养护，以对前方运输提供支援。同时，还需要从工程上对整个运输基础设施进行调研，以对公路、桥梁限制、铁路、机场以及隧道状况进行评估。联合部队接收、集结、运送和集中行动将贯穿整个作战的全过程。欲知对联合部队接收、集结、运送和集中行动进行工程保障的详情，参见"土木工程保障作业"一章（第四章）。

4. 联合越岸后勤保障

为联合越岸后勤提供工程保障，任务十分繁重。土木工程作业将负责为联合越岸后勤将物资由海上舰只运到陆地交通工具活动做准备提供支援，内容包括岸上平整、场地筑平、排水、装卸港修建与完善、净化环境和通用设备安装等。此外，土木工程作业还包括组装浮码头通道、提升式通道和嵌入式石油分发系统等。欲知有关对联合越岸后勤实施土木工程保障的详情，参见本编的第四章"土木工程保障作业"。

5. 毁损抢修

就毁损抢修而言，土木工程保障的主要任务是，当基地遭敌攻击时对其实施维修，同时还负责对诸如主要供应线、机场、港口设施以及通用系统等主要基础设施进行维修，此外还负责对由东道国使用的业已损坏的财产和建筑物实施抢修。战损抢修一般都在掌握作战主动权、决定性作战和作战过渡阶段等环节组织实施。欲知毁损抢修的详情，参见"土木工程保障作业"一章（第四章）。

6. 部队过渡期间的保障

在部队过渡期间，土木工程作业可为诸如外国人道主义援助、救灾和部队回撤等领域提供保障。需要指出的是，在联合作战各阶段都将提供外国人道主义援助和灾害救助。

（1）外国人道主义援助与救灾

工兵是实施外国人道主义援助与救灾行动中的一支重要力量。援救工兵的规模大小不一，小到小型精干、高度专业化的工兵援救小队，大到装备齐全的工程部队。工兵援救小队一方面负责对工程损坏程度做出评估，另一方面提供诸如电力供应与分配通用品修理、饮用水净化和打井作业等专业化保障。工程部队主要参加大规模外国人道主义援救与救灾行动，具体负责提供主要土木工程支援保障，内容包括设施兴建、建筑物维修、瓦砾清除、通用设施抢修以及为业已部署的部队和平民兴建营地等。此外，工兵还在将救灾任务移交给地方民政当局过程中发挥重要作用。例如，联合部队工兵和参谋可参加军民活动中心，该中心是连接地方民政当局与军事当局的一座桥梁和纽带。最近发展趋势表明：与民用部门和非政府机构进行合作，对未来成功实施联合作战至关重要。因此，对这些地方政府机构而言，学习和了解有关部队过渡期间的知识显得越来越重要。

（2）部队回撤

在拟定工程保障计划时，指挥官必须清楚，部队回撤对工程保障提出了严峻挑战，特别是当部队刚刚结束海外应急作战时尤其如此。

工兵对部队回撤实施土木工程保障的主要内容有：为撤回到本土的物资准备设施、完成所有工程在建项目、对业已使用过的资产和基建营房进行整修和翻新并完好无损地移交给东道国、中止所有设施租用合同、兴建部队回撤所需其他设施、筹建收容点并就安全处置危险物资等工作进行协调等。指挥官和工兵在为部队回撤提供工程保障过程中必须熟知并遵守相关法律和规范。

7. 环境因素

环境因素在联合作战的各阶段都显得十分重要。因此，联合司令部总司令应当了解环境要求及其对联合作战所带来的潜在影响。环境规划是一个将环境因素融入作战计划中的主要过程。欲知有关环境因素的详情，可参见"环保准则"一章（第六章）。

8. 特种工程保障

除以上讨论的土木工程保障功能与使命外，工兵还可向指挥官提供特种工程保障。特种工程保障能力并非所有军种都具备。本《纲要》的附录部分提供了有关军种具有特种工程保障能力的详情。特种工程保障主要包括以下内容：港口、消防与飞机失事后救护、水下工程建筑物捞救、打饮水井、管道铺设、桥梁架设、路道修建与抢修、爆炸物处理、发电、特种营房建筑、飞机拦阻系统、供热、通风与空调系统、简易机场系统、基建营房征用、露天开采作业、天然沥青与水泥厂作业、水生产、混凝土路面评估与分析、地形分析、大地测量勘察控制、反布雷与反障碍物作业，以及对军种内核、生、化消毒和抢救行动提供保障，对涉及大规模杀伤性武器和危险材料这样的事件迅速做出反应等。

9. 技术工程与合同保障

工兵向指挥官提供工程保障的范围十分广泛。每个军种均可通过各种保障机构提供技术工程与合同保障。例如，美陆军工程研究与发展中心归属各陆军工程部队管辖，该中心既可作为专业鉴定中心，亦可作为综合试验网络，具体包括工程航道试验站、寒冷地区研究与工程试验室、建筑工程研究试验室和地形工程中心等机构。美陆军工程部队可通过陆军工程研发中心所属机构对联合作战提供技术工程与合同保障。海军设施工程勤务中心下辖近岸石油分发系统和机动通用保障装备两个高度专业化的系统。海军通过该中心所辖两个专业化程度较高的系统对联合作战提供技术工程与合同保障。欲知有关各军种工程保障的详情，参见本编第四章"土木工程保障作业"和本编附录部分。

第二章 指挥与控制

一、概述

联合作战会对工程保障提出诸多严峻挑战。土木工程部队必须灵活机动，以便联合部队指挥官以最有效的方式对其实施指挥。JP3-34联合作战工兵纲要为工程部队组织机构提供了诸多选择及相应的指挥与控制关系。为联合作战提供保障的工程部队的组织机构的规模与类型必须依据联合部队指挥官的任务和保障需求来确定。

二、职责

1. 参谋长联席会议主席职责

参谋长联席会议主席系美国总统、国家安全委员会和国防部长的主要军事顾问，其主要职责如下：

制定、完善作战计划并依据作战计划对联合作战部队实施管理；

对支援联合作战计划的战略与后勤计划进行审核，并向国防部长建议将土木工程职责赋予各军事及相应的国防机构；

须向国防部长提出相应的土木工程保障原则，以便各军种依据业已批准的计划做好土木工程保障准备；

须根据对联合作战计划的审核结果向国防部长提出土木工程

部队在土木工程保障能力方面存在哪些长处和不足；

为避免两个保障行动同时发生，须就满足不同指挥官土木工程保障需求的相对优先顺序，向国防部长提出建议。

2. 联合参谋部后勤部职责

联合参谋部后勤部职责：一是对包括土木工程保障计划在内的后勤领域进行审查；二是根据作战性质对工程作业实施协调与监督；三是对业已批准的作战方案提供工程保障，向参联会主席提出建议。

3. 各军种职责

就工程作业而言，各军种职责如下：

编配、组织、训练并装备工兵资源；

各军种通过其军种所属部队为指挥官土木工程保障制定计划，提供各军种所属部队工程保障需求的信息；

通过各军种参谋机构保持履行土木工程参谋机构使命和职责的能力；

提供实施基建营房和环保行动所需的人员与后勤保障，详情参见本《纲要》第三、六两章；

为工程作业需求提供经费保障；

为被分配或配属给联合部队指挥官的各自作战部队提供后勤与行政保障，如部队由国防部长直接指挥则另当别论。详情参见本章第三部分"权限与控制"。

4. 联合司令部总司令职责

和平时期，联合司令部总司令的战略计划为应急部队的使用提供了基本框架。联合司令部总司令的土木工程职责包括如下内容：

确定战时工程保障需求的优先顺序，并对此做出计划并予以协调；

根据作战计划，对组成部队指挥官的土木工程保障需求进行评估；

对因土木工程保障不足而导致在完成既定任务的能力上面临的风险进行评估；

负责与合同建筑机构进行协调；

对使用组成部队指挥官的土木工程部队和建筑材料，以及在联合部队指挥官和军种工程部队间建立指挥与控制关系等做出规划；

制定战区修建与基建营房征用政策并确定征用的优先顺序；

委以军种组成部队为战区作战执行人，负责战区内土木工程保障工作；

给战区所属组成部队下达任务，完成战区土木工程保障任务和工程项目；

拟定保障计划以对整个军事行动实施土木工程保障；

负责对战区所属组成部队支援联合作战计划的土木工程保障与建筑计划进行审查；

确定并满足联合作战提出的土木工程保障需求，前提是必须超过组成部队经费批准权限；

依照外国、国际和东道国业已生效的法律和协议，通盘考虑联合作战对环境产生的影响；

拟制与作战计划、战役计划和作战命令等文件相配套的土木工程与环境附件；

制定训练与学习规划，以评估和提高部队遂行土木工程保障任务的战备水平。

5. 指挥官的工程主任职责

指挥官的工程主任履行协调战区土木工程作业的各种职责，具体如下：

拟制与作战计划或作战命令相配套的土木工程保障计划附录，该附录确定将对土木工程作业的主要需求作为联合作战计划制定过程的部分内容；

提出工兵特混编配方案，并将方案写进作战计划或作战命令的特混编配附件里；

如需要，须拟定一份工兵附录，附在作战计划或作战命令的土木工程作业附件后面；

准备一份环境因素附件，附在作战计划或作战命令后面；

就土木工程任务向指挥官提出战区工程建筑政策和优先发展顺序；

提出工兵特混编配方案，以满足联合作战土木工程保障需求；

根据业已确定的优先顺序，就战区所需的第四类建筑材料的采购与分配工作制定计划并进行协调（注：军种组成司令部负责各自所需的第四类建筑材料的采购与分配）；

对工程职能履行情况提供参谋监督，包括按要求参加联合工程委员会；

为指挥官平时战区交战计划的制定提供信息和素材。

6. 军种组成部队

除遂行由指挥官分配的部分任务外，各军种组成部队均可向不具备工程保障能力的其他部队提供土木工程保障。就土木工程保障而言，各军种组成部队均具有其传统的核心优势。

（1）陆军组成部队职责

陆军具有基建营房征用和部队工程建筑保障等多种能力。

（2）海军组成部队职责

海军工兵在水下和近岸设施方面具有较高的技能，可为海军其他组成部队提供如下保障。

①为陆战队空地特遣部队提供土木工程保障，海军修建部队编在陆战队空地特遣部队里，由该部队指挥官直接指挥。此举主要是为了加强陆战队空地特遣部队有限的土木工程保障能力，以确保及时有效地实施战斗勤务支援。

②为联合两栖作战、战斗支援和岸上战斗勤务支援提供军事与两栖攻击修建保障。

（3）空军组成部队职责

空军工兵在快速部署、空军基地修建与维护、部队安营扎寨、恢复行动、基地设置和跑道抢修等方面具有较强的技能。除履行上述职责外，空军还可提供诸如主要基地工兵应急部队和工兵快速调遣重型作业修理中队等可快速部署的工程部队。后者既可作为空军远征部队司令部部署，也可作为独立部队部署。

（4）海军陆战队组成部队职责

海军陆战队工兵负责为联合两栖和远征作战、战斗支援及岸基战斗勤务支援，提供军事与两栖攻击和远征修建保障。

7. 下属联合部队指挥官职责

下属联合部队指挥官职责：一是制定联合作战计划，使用并配合独立的部队完成既定任务，其中包括土木工程保障任务；二是与其他军事组织与机构进行协调，以满足联合作战工程保障需求；三是设立工程部队组织机构。其规模应视所担负任务、配属于联合部队的军种组成部队工兵能力与优势以及作战各阶段情况而定。

8. 下属联合部队工程主任职责

联合部队工程主任作为联合部队指挥官的主要顾问，负责处理与联合土木工程保障作业的计划和实施有关的所有事物，主要职责有：

负责对被战争损坏的设施和基础设施进行抢修；

负责对所需设备和交通线的修理与养护；

负责对建筑材料的需求进行协调；

负责环境管理；

负责地形测量保障；

负责基建营房管理；

负责其他特种土木工程保障。

三、权限与控制

1. 联合司令部总司令

联合司令部总司令对包括土木工程在内的后勤享有直接指挥权，具体包括向下级指挥官发布确保以下任务完成所需的指令。这些任务包括：有效实施业已批准的作战计划；确保作战的效能和经济性，以及防止军种组成司令部间的设施重复建设或废除军种组成司令部间重叠的职能。需要指出的是，联合司令部总司令对后勤享有直接指挥权并非中止军种对后勤保障承担的责任，并非阻拦军种通过商议和协议的方式就后勤事宜进行协调，并非废止军种建立起来的卓有成效的程序以及有效使用设施或机构的好做法。除非由国防部长直接指挥，否则，各军种部队和军种始终有责任对被分配或配属给联合司令部的军种军队提供后勤与行政保障。

鉴于和平与战时情况不同，因此联合司令部总司令对后勤与行政指挥的权限程度也不同。和平时期，他对后勤与行政行使指挥权的程度会大打折扣，因为它要受到诸如法律、国防部政策或条令、国防预算、当地条件以及由国防部长或参联会主席规定的其他特殊情况等因素带来的限制。战时，他凭借其对后勤与行政的指挥权使用配属部队的一切设施和补给品，完成作战任务。

2. 下属联合部队指挥官

下属联合部队指挥官对配属部队实施作战控制，同时负责运用其能力完成和达成包括土木工程作业在内的既定任务或目标。联合部队指挥官组成联合参谋机构，以确保各不同参谋机构之间信息有效共享。此外，联合部队指挥官一要确保提供跨军种保障；二要确保所有工程部队工作相互配合，卓有成效。同时，还负责向其下属指挥官下达土木工程保障任务。

四、设置工程部队组织机构需考虑的因素

联合部队指挥官根据作战理论，组成联合部队以圆满完成指派的任务。部队组织机构的设置应遵循灵活性的原则，以满足业已计划好的各阶段作战需求。联合部队指挥官既可通过军种组成部队指挥官实施作战，也可在下一层次通过军种部队指挥官实施作战。同时，也可建立组成职能部队司令部以实施作战。当两个或更多军种必须在同一方向作战或遂行不同任务时，设置组成职能部队司令部就显得十分必要。当然，联合部队组织机构的组成既要有担负作战指挥的军种组成部队司令部，又要有承担作战指挥的职能组成部队司令部。联合部队指挥官还可通过下属联合部队实施作战。由联合部队指挥官指挥的工程部队组织机构的设置应考虑以下因素：工作安排要步调一致；制定计划要高度集中并对指派的工程部队实行分散配置。由于工程部队承担的任务、部队本身以及能力各不相同，因此，工程部队组织机构的指挥命令要简洁明晰，这一点对于有效使用工程部队尤为重要。

五、指挥与控制的选择

联合部队指挥官应组织联合部队，以有效利用现有资源对各军种工程部队进行调整，从而使其具有适应性，以满足任务需求。此外，为满足战区内土木工程保障需求，起初建立的指挥关系可能会随着作战的进展发生变化。

1. 军种组成部队司令部

军种组成部队指挥官选择这一指挥体制对其军种工程部队实施作战控制。采取这一体制，一方面可继续保持传统的指挥关系，

另一方面，它特别适合于在联合部队指挥官选择通过军种组成部队指挥官实施作战和应用工程部队对军种组成部队实施保障时使用。例如，为实施土木工程保障，海军陆战队组成部队指挥官可对海军工程部队实施作战控制。其他军种可将对工程部队的战术控制权委托给某一军种组成部队司令部，以遂行指派的使命或任务。此外，联合部队指挥官应在某下属的指挥官之间建立保障关系，以支援、维护、补充或维持另外部队。

2. 职能组成部队司令部

联合部队指挥官可启用一个或多个职能组成部队司令部，组织部队完成任务。选择这一指挥体制，联合部队指挥官可根据对工程任务的需求确定对工程部队的指挥关系。为确保任务完成，联合部队指挥官负责在军种组成部队间确定相应的关系。例如，对空军或海军工程的战术控制权可交由联合部队陆军组成部队指挥官。此时，对工程部队的控制权不是本军种，而是陆军组成部队指挥官。控制权移交后的工程部队要对军种组成部队的需求直接做出反应。就对土木工程部队的使用而言，既可使其对作战部队直接实施工程保障，又可在提供的能力与职能组成部队的任务有直接关联时配属职能组成部队指挥官使用，两种方法皆宜，选择任何一种均可。职能组成部队司令部在一般情况下不负责向联合部队提供通用保障。当联合部队空军组成部队指挥官没有工程部队可指派时，可与联合部队指挥官协商，以从其他军种部队得到保障。同样，当联合部队特种作战组成部队指挥官没有工程部队可指派时，亦可就土木工程保障需求与联合部队指挥官进行协商，以求从其他渠道得到保障。最大优点是，它为联合部队指挥官提供了一种通过跨军种部队协调以满足任务需求的方式，在战区内调整工程保障力量的能力。

3. 下属联合特遣队

联合部队作战对工兵的需求量甚大。为整合需求和合理配置部队，联合部队指挥官需组建一支下属联合特遣队，以对范围广泛的工兵作业和任务实施控制。此举的好处是，可采取协同的方法来处理工兵所担负的使命。联合部队指挥官确定工兵完成任务需具备的能力和相应的指挥关系。其下属联合特遣队指挥官根据联合部队指挥官赋予的控制权限，对完成任务应具备的工程能力享有作战控制和战术控制权以及保障关系确定权。配属给联合特遣队的工兵一般由不同军种的工程部队组成。如需下属联合特遣队提供通用保障，则需联合部队指挥官特别授予直接指挥权，以对部队提供通用保障。

4. 为工程部队提供指挥、控制、通信和计算机保障

利用指挥、控制、通信和计算机系统对工程部队有效实施指挥与控制，一直是联合部队指挥官和联合部队工程主任所考虑的一个主要问题。工程部队在军种通往其组成部队司令部的信道里本身拥有指挥、控制、通信和计算机能力。但当联合环境下作战时，工程部队除保留其建制内的指挥、控制、通信和计算机能力外，还需得到诸如其本军种组成部队、其他军种组成部队或联合部队指挥、控制、通信和计算机系统等单位的额外支援。以下能力对发展支援联合部队作战的工程部队的指挥、控制、通信和计算机理论大有益处。

空军工程部队的指挥、控制、通信和计算机能力较弱，难以满足自身需求，因此需要部署通信设备提供相应的保障。

通信设备平时嵌入基地信息基础设施里，未来联合作战时，可作为模块化通信支援设备，与空军远征航空部队一同部署，可使被部署人员随时访问保密和非保密电话与传真图像。当不在空军本部而在联合作战中心时，空军工程部队可访问范围广泛的任务支援系统，该系统分别与全球指挥与控制系统、联合作战计划与实施系统相连接。

陆军军以上工程部队使用全球指挥与控制系统陆军分系统，军以下部队使用陆军战斗指挥系统。师一级工程部队使用陆军战斗指挥系统子系统机动控制系统实施指挥与控制。旅以下陆军工程部队主要依靠诸如加密调频、卫星、电传、电话以及数字化战术电子邮件等建制通信器材实施指挥与控制。联合作战时，陆军工程部队主要依靠其建制通信设备实施通信保障。全球指挥与控制系统陆军分系统可使工兵访问联合作战计划与实施系统，并提供与联合部队指挥官司令部和联合部队其他部队进行通信联络的能力。

海军修建部队工兵拥有充足的能力实施海军范围内指挥、控制、通信和计算机活动，并与下属、友邻和上级司令部保持通信联络。海军修建团应用电话、甚高频、高频和限制使用的甚高频等手段，与下属部队和上级保持通信联络，还可通过甚高频或卫星电话传输数据，分别访问非保密互联网。海军修建营配有战术数据网络计算机系统，能通过甚高频或卫星电话传送信息。联合作战时，海军修建部队工兵主要依靠其建制通信能力，但同时也需要外部支援。

海军陆战队师以上或以下工程部队拥有足够的能力，实施陆战队范围内指挥、控制、通信和计算机活动，并与下属、友邻和上级司令部保持通信联系。海军陆战队工程部队可用保密电话、甚高频、高频以及限制使用的特高频，与下属部队和上级保持通信联系，同时还能通过特高频通信手段传输数据。海军陆战队陆战远征部队以上工程部队，可访问全球指挥与控制系统。联合作战时，海军陆战队工兵主要依靠其建制通信能力，但同时也需要额外支援。

六、工程参谋组织体制

1. 联合部队中的机构设置

联合司令部总司令和联合部队指挥官应设立各自的工程参谋机构，以履行各自承担的任务和职责。一旦工程或其他需求超过工程参谋机构的能力时，应请示上级司令部予以支援。根据特殊任务需求，工程参谋机构可设置在作战部和后勤部里，或作为联合部队指挥官的特设参谋机构。在处理地形工程需求时，联合部队指挥官可在情报部内设立地形工程部门。不管采取哪种选择，设置工程参谋机构都是必要的。一是实施工程保障本身需要工程参谋机构；二是在整个工程参谋机构范围内保持不间断的通信、联络和协调，也需要工程参谋机构。在以下选择中不论采用哪种选择，在工程协调与管理任务繁重时，联合部队指挥官均应设立应急工程管理机构。该机构成立后，应由指挥官或下属联合部队工兵主任指挥，并协调日常事务，以确保向联合部队提供工程勤务保障。应急工程管理机构不负责工程计划的制定、相关报告的起草以及与外部协调工作，有事可直接与组成部队工程参谋和联合部队指挥官取得联系。

（1）作战部工程参谋机构

当部队调动、机动和投送需大量工程保障时，联合部队指挥官应考虑在作战部内设立工程参谋机构，以就战区内机动、反机动和生存方面的需求进行协调。此举有益于在危机行动计划时就能快速交换信息，从而合理利用保障能力。

（2）后勤部工程参谋机构

当后勤活动本身需大量工程保障时，联合部队指挥官应考虑在后勤部内设立工程参谋机构。此举便于和后勤人员就交通线、主要供应线、机场以及其他后勤设施的修建与维护等工作进行计划与协调。

（3）特别工程参谋机构

当联合作战急需工程保障或战斗支援和战斗勤务支援需同等规模工程保障时，联合部队指挥官应考虑设立特别工程参谋机构，向联合部队指挥官直接报告工作。此举可使指挥官在调整各种工程作业时具有很大的灵活性。

2. 工程参谋机构的职责

工程参谋机构应积极参与危机行动早期计划和周密计划的制定，制定计划时要确保以下任务的完成：

作战空间业已形成，以对联合作战提供保障；

联合作战所需的基础设施业已建立并得以加强，以对联合作战提供保障；

联合作战所需的特种地形测量工具已准备好，可实施详细的计划与作业。

支援联合作战的土木工程任务涉及作战领域的方方面面。联合作战期间，工程参谋机构的职能对完成任务至关重要。有关作战期间工程参谋机构作用的详细讨论，详见本编第四章"土木工程保障作业"。

3. 应急工程管理机构

近几次应急作战的经验，强调了在满足联合部队主要工程保障需求时，及时制定计划和做好准备的重要性。指挥官和下属联合部队工程机构应满足战时工程保障需求，平时应根据作战需要组织训练。司令官或下属联合部队指挥官可组建一个应急工程管理机构作为，向联合部队增加的具有军种工程专业技能的参谋人员，以协助制定周密计划和危机行动计划。司令官可成立一个战区应急工程管理机构，下属各级指挥部门可设立同样的机构（如地区应急工程管理机构或联合特遣队应急工程管理机构等）。上述应急工程管理机构配备的人员，应具有作战工程、土木工程和地形工程等三项工程专业技能和知识。为便于协调，应将军种组成部队工程人员分配到上述应急工程管理机构。战区应急工程管理、地区应急工程管理和联合特遣队应急工程管理机构的职责：一是协助制定作战计划和土木工程保障计划；二是对应急工程作业实施管理；此外，还提供另外的工程能力，包括制定计划、工程管理、地区或国家相关专业知识或提供特种技术保障等。支援应急作战的军种组成部队，可分别向战区应急工程管理和地区应急工程管理机构提供联络官，以便加强协调。战区应急工程管理和地区应急工程管理机构平时一方面应协助拟定计划，另一方面应通过以下方式对应急作战实施管理：

分析司令官或下属联合部队指挥官联合作战意图，并依据司令官确定的优先顺序制定修建规划；

指出在修建能力方面存在的潜在不足，评估相关风险并确定相关选择；

制定修建政策，包括修建标准、工程项目审批程序、资源分配建议以及报告需求等；

审查并监督与土木工程保障有关的东道国支援协议，包括对东道国修建、基础设施及设施支援能力和由东道国部队或机构完成的项目工程状况进行跟踪监督与评估；

对工程部队作业状况进行监督，同时对其工程、修建及后勤保障实施控制；

对工程经费的管理实施监督与控制；

就环境管理提出建议。

七、组建联合特遣队

1. 成立危机行动计划与联合计划制定小组

当危机行动计划用于作战时，司令官与联合特遣队参谋机构间的有效交流对优化信息流通和协调计划制定行动至关重要。在作战方案和危机行动计划制定前制定期间，应组建联合部队特遣队。为提高计划制定的效率，联合部队指挥官应成立一个联合计划制定小组，该小组将分别由司令官参谋机构和联合特遣队参谋机构的成员组成。工程人员参与到各级指挥机构对加强司令部间的交流和节约使用工程部队尤为重要。

2. 设立可部署的联合特遣队加强指挥部

联合计划制定小组的核心任务是设立计划制定指挥部。指挥部可组成一个作战计划制定小组，该小组按要求配有工程人员，以加强联合特遣队工程参谋机构的计划制定工作。设立可部署的联合特遣队加强指挥部可达到多种目的，此举对于作战指挥参谋机构和联合特遣队间及时有效地移交职能至关重要。联合特遣队参谋机构组成并正式工作后，司令官参谋机构应将相关职能移交联合特遣队参谋机构，这对满足作战需求是十分必要的。可部署的联合特遣队加强指挥部的主要职责有：

协助联合特遣队制定计划，确保其参谋机构人员在拟定危机行动计划时掌握相应的专业知识；

使司令官参谋机构和联合特遣队参谋机构保持联络与沟通；

按任务需求负责对联合特遣队参谋机构人员进行培训；

制定工程计划并实施保障。

八、工程委员会

联合部队作战对工程保障的需求量巨大，需要协调各种工程设备遂行多种任务，其中多数都是完成任务急需的设备。司令官或下属联合部队指挥官可根据情况成立若干个委员会，以对工程活动实施管理和确保资源的有效使用。在政策正式实行前，各委员会有权对某些事项存有疑虑。如合适的话，在部队部署前，指挥官或下属联合部队后勤部门或联合部队工程主任，可召集各工程委员会开会，目的有两个：一是确立各种标准；二是为军种组成部队提供进行任务分析和部署准备的指南。然而，由于联合部队参谋机构集结和部署方式快捷，因此，在部队部署前召集委员会开会往往是行不通的。

1. 联合设施使用委员会

联合司令部总司令或下属联合部队指挥官可成立联合设施使用委员会，以协助对设施实施管理。委员会主任可由联合司令部总司令亲自担任，也可由下属联合部队工程主任担任，其成员可由联合参谋机构、军种组成部队司令部以及其他特别机构（法律与民事机构）的人员组成。委员会的主要职责是：对军种组成部队提出使用基建营房、现有设施、军种内支援以及工程修建等要求，进行评估与调解，以确保遵守由联合军民工程委员会确定的设施使用优先顺序。此外还将负责提供行政支援，作为执行机构完成联合军民工程委员会下达的任务。联合设施使用委员会的主要工作由联合部队工程主任处理，其他委员会成员给予必要的协助。对于悬而未决的问题，应转交联合军民工程委员会处理。

2. 联合军民工程委员会

联合军民工程委员会属临时性机构，由联合司令部总司令负责组建，委员会主任由战区作战司令部后勤部长担任，或由联合部队工程主任担任，成员由军种组成司令部和国防部有关机构或支援作战司令部有关机构的人员组成。其职责是：根据战区总司令制定的军民关系行动指南，制定政策、程序，确定优先顺序，并对战区军民工程修建和工程需求实施全面指挥，对联合作战中军民双方在工程需求方面产生的分歧进行调解。委员会根据工程行动调整任务并按需求建议采取行动。联合军民工程委员会在联合部队资源范围内无法满足的修建与工程需求，应交由相应的部门予以解决。此外，该委员会还就制定土木工程保障计划、作战计划或作战命令提供指南，如有可能，将承担土木工程保障计划的制定。

3．联合环境管理委员会

联合司令部总司令或下属联合部队指挥官可成立联合环境管理委员会，协助对环境需求的管理。委员会属临时性机构，主任或由联合司令部总司令担任，或由下属联合部队后勤部长或工程主任担任，成员由联合参谋部（必须）、军种组成部队司令部和其他特别机构（如法律、卫生和民事机构）的人员组成。委员会的主要职责是：负责制定政策、程序，确定优先顺序，并对战区环境管理和需求实施全面指挥。联合环境管理委员会，就其活动应与指挥官或下属联合部队工程参谋机构进行协调，同时还为起草"环境因素"附件、作战计划或作战命令提供指导，如有可能，可承担该附件的制定。

九、内部组织机构

内部组织机构因其具有可用于履行某项作战职能所需的广博的专业知识和雄厚的资金资源,可大大提高联合部队的作战能力。无论是国际机构还是美本土内部机构,这一观点都是无容置疑的。内部组织机构固然能增加实施某项作战所需的资源,但同时也能带来负面影响,使协调工作复杂化。当内部组织机构参与一体化作战行动时,协调并正确理解司令官的意图十分重要。下面就部分有关机构作简要介绍。

1．国防后勤局

国防后勤局是后勤保障机构,其主要任务是向驻扎在世界各地的美国军队提供补给品和各种勤务保障。此外,还向联合部队提供合同、行政、技术和后勤勤务保障。就土木工程保障作业而言,国防后勤局提供以下保障:

对第四类建筑材料实施管理，提供建筑材料采购、分发与再供应保障；

对物资再利用实施管理；

对危险物和人身财产的处置实施管理。

2. 国家测绘与成像局

国家测绘与成像局向联合司令部总司令提供主要地压信息及相关服务。就土木工程保障作业而言，该局主要提供以下信息及相关服务：

数字地形海拔数据；

当前地球物理状况；

精确定位数据；

标准与非标准地图、图表及专用地压工具。

3. 美国政府其他有关机构

（1）国务院

国务院是根据总统指示计划并执行美国外交政策的主要机构，对国际危机（包括需要提供土木工程保障的危机）首先做出反应的美国政府机构非它莫属。此外，国务院还负责谈判和签署协议，包括部队状况协议。该协议有助于联合部队的部署与使用，其中也包括对土木工程部队的部署与使用。

（2）美国国际开发署

美国国际开发署是美国联邦政府机构，主要执行美国对外经济与人道主义救援计划，向设法摆脱贫困、从事民主改革和灾后重建的国家提供援助。

（3）美国对外救灾处

一旦灾害发生，美国所在国代表应搞清楚是否希望美国提供援助。若需要，美国对外救灾处、美国驻该国大使馆以及美国国际开发署驻外国家办事处应弄清楚美国对外救灾处什么样的人适合于从事特种救灾工作。

（4）联邦应急管理局

联邦应急管理局系美国联邦政府的主要机构，主要负责对美本土及其领土和属地的联邦应急管理活动进行协调。局长有权制定政策，并就民防和土木工程计划制定、管理、减轻灾害以及得到其它联邦行政机构援助等活动进行协调。此外，该局还负责就联邦政府和军民土木工程机构的活动进行协调，以确保得到有效援助，避免资源浪费。联邦应急管理局有权优先使用土木工程资源。

（5）环保局

环保局负责管理并强迫执行与美本土及其领土和属地有关的环境法律。联合部队工程主任和参谋人员在与联合部队军法参谋商议后，还需根据法律文本，就遵守作战环保问题与环保局进行协商。本《纲要》"环保准则"一章（第六章）概述了在计划并实施联合作战与演习时需考虑的环境因素和联合部队指挥官与参谋机构采取的方针。

4. 非政府组织与国际机构

除美国政府机构外，联合部队工程主任及参谋机构就土木工程活动事宜，还需与非政府组织和像联合国这样的国际机构进行协调。在所有情况下，直接协调均需得到批准。一旦获得协调权，机构内部的协调工作可通过联合部队的军民活动中心加以实施。机构间的关系应通过协商的方式加以确立。协议签订后，要有谅解备忘录以确保相互理解和避免混乱。必须依据国防部 05530.3 国际协议，经谈判后方可签署协议。协议一经签署后对军事人员与装备的使用便具有法律效力。非政府组织本身具有较强的工程能力，但同时也可以提出提供军事工程救助的要求，以对其战区的活动与计划提供保障。在军民活动中心内设立一名工作效率高的工程联络官，对与非政府组织协调并实施土木工程保障至关重要。

第三章　制订计划时应考虑的因素

一、概述

　　成功的联合作战要求高效的土木工程保障，因此，详尽的土木工程保障计划必不可少。理想的工程计划能够协调安排工程部队和现有基础设施，帮助联合部队指挥官构筑良好的战场空间。

二、战略计划和战役计划

　　在战略和战役层次上，土木工程作业包含以下内容：设备供应，基础设施修建、工程保障（如：租借港口和机场，修、扩建空运装载港来卸载空运物资，修复或提高海运装载港的吞吐能力，提供水、电，进行废物处理等）。详尽的土木工程计划能为指挥官接收和维持驻军提供最有效的方法。

三、信息和情报需求

　　在战略和战役层次上，联合部队工兵的使命聚焦于作战区域的环境与基础设施，旨在为作战和后勤部队提供有力保障。国家和国防部所属各类情报机构应为土木工程保障人员制定计划，提供必要的情报信息。此外，联合部队工程人员在识别作战区域层次数据所需情报上应起到关键作用，能帮助搜集和分析所需的情报信息。联合部队工程人员在确定情报需求后，负责向联合参谋部情报部报告对敌情报要求，向参联会联合参谋部作战部汇报对东道国、盟国和合作方的情报要求。联合参谋部情报部负责提供由国家测绘与成像局编写的地球空间情报资料。另外，陆军地形工兵所提供的特殊工程手段能评估机动和反机动作战所需的地形保障条件。地形工程手段在土木工程中很有用，能够灵活识别和确定部队营地，部队转移集结地、潜在资源（砂砾，沙土等）位置和交通线等信息。

1. 作战地域的联合情报侦测

工兵参与作战地域的联合情报准备有助于联合部队指挥官及军种组成部队指挥官确定最有效的地形和基础设施利用方式，成功实施作战。任务分析结束后，联合部队工兵会确定工程优先情报需求和信息需求。这些情报需求在战术层次上包含以下内容：

地理情报；

水文地理情报；

天气对地形、联合部队机动能力和工程作业的影响；

水文地质情报； .

基础设施情报；

东道国及其所属地区可利用的建筑资源情报；

环境与危险状况情报；

东道国、盟国与合作伙伴的军事施工能力；

该地区工程承包能力，及签约对当地经济的潜在影响。

2. 土木工程特有的优先情报需求

多数优先情报可通过国防部情报数据库获得。土木工程作业要求提供更多的数据情报。它要求优先提供以下情报：

地理情报。工兵要求知晓地基设计和固定粘合系统处的地面和地下地层组织状况；

水文地理情报。在兴建后勤基础设施和营地时，土木工程保障计划和预案、作战地域的水文地理特征是考虑的关键因素；

水文地质情报。近岸和海浪区水文地质情报会影响两栖进攻、预置部队作战和联合后勤越岸行动；

气候状况情报。气温、风速和降水量对地形和水体有重要影响。天气会限制土木工程作业进度和工程项目的展开。某些土木工程项目则明显受到恶劣天气的影响（如土壤被水浸泡时，掘土作业会严重受挫）；

基础设施情报。土木工程所需的基础设施情报主要指东道国在对基础设施进行设计、建造、维护和评估过程中掌握的有关信息（特别是关于道路、桥梁、港口和机场方面的信息）；

东道国及其所属地区可供使用的建设资源（当地工程承包商、技术工人、建筑设备和建材等）。无论何地，都要求达到四级建材使用要求。采用当地的建筑设计，利用达到施工要求的当地建材，可降低后勤保障系统的资金消耗；

环境情报。环境特征是计划过程的考虑因素之一，能影响联合部队指挥官的作战路线。环境情报包含但不限于以下内容：文化和历史资源；动植物分布特征；煤、油、洁净空气和水的供应；可耕地资源等。规章制度（如条约、条令、部队状况协议和东道国法律或准则中阐明的环境程序与标准等）对土木工程作业管理同样重要；

战场地域的环境威胁。环境威胁系指构成以下潜在威胁的环境：对水、空气和土壤的污染；对自然资源和文化资源的破坏；对人体健康和人员安全造成的威胁。例如，在"沙漠盾牌"和"沙漠风暴"行动中，油田起火和倾倒在路上的大量柴油和原油对环境与公众健康造成威胁，一度成为公众事件。

3. 土木工程情报搜集

土木工程组织是满足司令官或下属联合部队指挥官优先情报需求和信息需求的主要信息源。由于作战区域内的交战活动历时长久，作战指挥官、下属联合部队工兵和军种工兵组织（如美国陆军工兵部队和海军设施工程司令部）在实践中掌握了重要的土木工程数据和情报，因此无须从传统渠道获取该类情报。工兵通过实地侦察和与当地官员进行座谈搜集重要情报，据此确定当地基础设施是否可保障军事行动顺利进行。

4. 土木工程情报评估

在搜集相关数据和情报后，工兵会对情报做出适当评估。对情报评估有助于以下工作的开展：

有助于联合部队指挥官确定行动路线；

有助于联合部队工兵和参谋机构为拟议中的工程任务提供潜在的战场空间保障；

有助于挑选工程部队。

四、制订土木工程保障计划应考虑的因素

1. 任务

联合部队指挥官的任务表述是拟定详细计划的基本依据。任务表述应明确联合部队须完成哪些任务和为什么要完成这些任务。土木工程保障计划的拟定应紧紧围绕联合部队指挥官的任务表述来展开。

2. 指挥官的意图

指挥官的意图简明扼要地表述了这次行动的目的。透彻理解指挥官的意图，可为联合部队工兵和参谋提供参与制定行动路线的框架。

3. 行动概念

行动概念清晰地描述了联合部队指挥官将如何依据在制定计划时选定的行动路线来展开行动，以及联合部队指挥官确定联合部队组成部队同心协力完成任务的方式。在工程量密集的

行动中，此行动概念还应包括工程部队的组织机构和指挥与控制等内容。

4. 后勤

联合部队指挥官对后勤概念的理解是实现联合作战的关键。土木工程保障计划的制定应紧紧围绕为联合部队的机动、部署、使用、维持和再部署等环节提供保障设施而展开。执行应急作战期间，有可能要求指挥官或下属联合部队工兵计划建造新设施或改进现有基础设施，以便于联合部队的部署。由于土木工程保障作业情况特殊和任务独特，因此，为准确预测需求（如建筑材料需求），后勤与土木工程保障计划的制定必须协调一致。后勤需求（包括土木工程保障）将会影响部队开进战区的速度，因此需尽早部署支援部队，以扩大部队的接收量。

5. 应急建设经费

无论是新建还是租赁设施，都必须投入足额的资金采购设施，以满足联合部队的需求。制定计划时必须考虑资金限制。在考虑保障任务和所需资金数目的前提下，联合部队指挥官将考虑兴建和租赁设施所需的资金数量。联合部队指挥官应采取措施，确保军种组成部队为设施建设、合同管理和基建营房租赁等项目安排足额的经费。设施建设计划的制定要按要求如期完成，以确保保障任务所需的设施在需要之前就确定下来。无论如何，应尽快完成业已推迟的方案设计工作，以确保设施建设如期完成。

五、土木工程保障计划的制定

土木工程保障计划的制定是一个用来为联合作战提供全面土木工程保障的过程。该过程包括确定土木工程保障的要求，并分析达到要求所需的设施。土木工程保障的具体要求应根据司令官或联合部队指挥官的作战概念来确定。

1. 土木工程保障要求

要求应能够反映土木工程保障的必要性，并确保工程的预期寿命和作业强度。要求应专门针对使用工程的部队，并规定具体时限。

尽量使用现有设备兴建新设施，不要随意上新项目。设施大致分为六类，按以下优先顺序满足需要：

美军占有、占据或租借的设施；

用于替代战区内原有设施的美军设施；

在指定区域、指定时间，按计划为东道国、盟军或盟国提供的特定工程保障设施；

商业渠道提供的工程设施；

储存在美国本土并为美军所有的设施替代品（如"丰收鹰"和"丰收隼"）；

评估现有设施适用性后，认为存在缺陷而改建的设施。

一般情况下，司令官或联合部队工兵应针对存在缺点的设施（如无法利用的现有设施)快速制定设施兴建计划。在这种情况下，相关服务机构、东道国、盟军或盟国应尽可能在平时进行工程建设。因工程建设耗时长，有可能无法按时完成而影响军事行动，因此司令官和联合部队工兵应寻求新的替代方案。可考虑采用快速建造方法，用最少的时间和资金以及最小的风险代价临时为战区部队提供所需资源。

2. 土木工程保障计划

指挥参谋和工兵制定土木工程保障计划，并将其作为联合部队制定周密作战计划过程的一部分。制定土木工程保障计划旨在确保基本的土木工程保障能力，并在指定地点和合适的时间提供保障，以支持联合部队在联合作战行动中的动员、部署、维持以及重新部署等整个过程。使用土木工程保障计划，主要对工程保障所需设施、规划、建筑式样、四级建筑材料和土木工程保障能力提出战区级要求，从而为已经部署好的美军提供保障。可靠的土木工程保障计划是综合性土木工程保障计划的延伸和发展，能够保证为联合作战按计划展开提供必备的土木工程保障。

土木工程保障计划应能够确定整体设施要求，并对美军、东道国、盟军和盟国的现有设施与建筑能否达到要求做出综合评估。要求应包括对东道国、承包商、盟军、盟国和美军工程部队所提出的要求，确定土木工程的保障能力，从而确保完成必要战斗工事的兴建，以及对战损设施进行紧急抢修、维修交通线和主要供应线、修建部队营地、维护武器库、构筑部队安全屏障，获得建筑工程保障和对承包商、东道国、盟军与联合部队的保障。此外，土木工程保障计划应对施工中存在的不足加以总结。

联合工程计划执行系统是保证工兵及参谋人员按进度和数量实施土木工程保障计划的工具，同时对作战计划所需的土木工程保障计划提出一般性要求。

3. 危机行动计划中的土木工程保障

指挥官和联合部队工兵视土木工程保障计划为联合作战计划过程的一部分，以作战计划中土木工程保障情报为基础，提供土木工程保障计划。在联合作战计划中，应全面考虑作战计划、战略计划、计划文件和可用资源，以便更好地制定联合作战计划中的土木工程保障计划。

有关土木工程保障计划的其他情报，可参阅相关附录。

4. 土木工程任务分析和人员评估过程

联合特遣队接到计划指令（如联合司令部总司令预警指令或计划指令）后，联合计划组应与工兵一起分析作战任务，并向联合特遣队司令简要介绍情况。任务分析的目的在于弄清部队所面临的战略态势和作战环境，了解联合司令部总司令的作战意图和设想，制定必要的任务计划，清晰阐述联合特遣队担负的任务。完成任务分析后，联合计划组和工兵向联合特遣队司令进行简要汇报，联合特遣队司令随即下发计划指南，联合计划组和工兵开始据此分析、确定并比较行动路线，然后将行动路线决议大纲呈报联合特遣队司令，最终由司令做出选择，并在此基础上制定具体的行动计划和命令。工兵作为参谋部的一分子，必须独立制定计划并进行分析，提出"工兵评估报告"，确保制订好的计划和方案能够支持联合特遣队司令的作战构想。

需要特别强调的是，包括工兵在内的全体参谋人员，均应通过其派往联合计划组的代表参与分析作战任务。这一点至关重要。

5. 前进基地发展计划

前进基地发展计划，主要描述为保障部队部署所需的基础设施。它包括作战区域内的现有设备，路面、机场和公共设施，以及为保障作战行动必须建设的基础设施。前进基地发展计划应优先考虑建筑和设备的修缮与改装。计划必须确定建设新建筑的土地需求。而且只要可能，土地需求清单都应与东道国协商解决。

设施要求要素：

需要提供保障的整个部队结构；

部队部署预计持续时间；

要部署的设备类型；

任务和作战目标；

作战区域内储存物资的供应天数；

建筑标准；

作战区域医疗政策；

作战区域天气状况；

部队部署的时间调整；

部队防护要求；

危险物资管理和废品处理；

临近交通线的情况；

效用要求；

东道国现有基础设施的可用性和适用性。

6. 必备的工程能力

土木工程保障计划必须评估任务规定的工程要求。评估内容包括根据现有计划，部队分阶段兵力部署数据、特殊保障能力和工程部队的配置方式。工兵单位的任务，一般针对早期任务需求或作战区域内较危险和高危地区的项目加以制定。局势稳定时，承包商可在联合部队土木工程保障中发挥更大作用。

7. 建筑资源

联合部队工兵和保障部队工兵协同，为联合部队作战提供所需的建筑能力保障。建筑资产的关键要素包括军队工兵、地方工程师和承包商。由于他们都有能力完成类似的工程项目，因此无须相互调换职责。制定土木工程作业计划时，工程计划者应考虑到每个要素的实力与能力。在前进基地建设过程中，对担负凿井或水下爆破与建造等特殊工程任务的建筑部队，应尽早明确工程建设要求。

要更多了解特殊工程保障能力的相关信息，请参阅附录一至附录四。

8. 建筑材料

为确保选择适合的材料，土木工程计划者必须明确指挥官的作战意图和作战构想，如作战持续时间等。假如在作战区域无法获得该建材，则必须通过采购并船运至该地域。为保证船运顺利，必须提前准备好充足的码头设施来接收执行计划所需器材和建材。如材料在订购或装船后无适当码头接收设施，或现有设施无法改进投入使用，应建立联合越岸后勤作业据点。关键的一点是，应提早确定工程要求和必备的建材需求，并在部队部署前开始行动。由于从订货到交货的时间间隔较长，某些材料运到作战区域要花费几个月时间。因此，后勤部门应利用各种系统，如土木工程保障计划数据系统和前进基地开发数据系统，在土木工程保障计划基础上制定建材预测报告。报告制定主要考虑以下因素：

（1）材料质量。紧急工程项目不一定要求达到平时建筑项目的标准要求。但是，现有设施必须达到已制订的作战标准。利用当地建材和技术能最大限度减少建材运输费用，使现有工程适合当地环境。

（2）材料数量。应根据土木工程保障计划，订购作战所需的大量材料。材料订购装船后，由于作战要求可能会发生变化，因此工兵应考虑将订购材料用作其他用途和建筑系统。

（3）费用。联合部队指挥官应该非常清楚建材的费用情况。无论是军队建制工程部队承建还是承包商承建，购买保障联合作战用的建材资金均由后勤部门提供。制定计划的工兵必须将有限资金用在优先考虑的项目上，以满足联合部队最基本的设施需求。

9．建筑标准

指挥官应从全局着眼，明确战区内设施的建筑标准。设施应该能够贯彻其作战意图和构想，设施质量应该足以保障全体人员的健康和安全，并在作战任务完成的前提下，最大限度地减少工兵的工作量。作战计划和作战指令也应强调针对作战的建筑标准。在任务要求类似的情况下，全部设施均应按统一标准兴建。

10．对不动产的要求

作战区域内工兵的基本任务，是通过租借或兴建的方式提供设施保障。为提供必须的设施和房地产，一定要仔细权衡要求，做到与限定时间和资源相适应。计划制定过程中，计划者应考虑以下因素。

（1）设施需求

作战设施（如战地指挥所、机场等）。

后勤设施（如维护保障设施、补给点等）。

部队营地设施（如食堂、宿舍、礼拜堂和卫生队）。

通用设施（如道路、联合接收、集结、运送和集中设施）。

（2）战区建筑标准

①最低标准：

按严格的工程标准完成最低限度工程量；

最多供作战部队使用 6 个月；

在作战进程中，要求用更坚固耐用的建筑物加以代替。

②临时标准：

在最低基本工程标准基础上需增加的工程量；

作战部队使用时限增至两年；

供持久作战使用；

如指挥官明确可直接应用临时标准时，用于替代最低标准。

表 3-1　战区建筑标准

最低标准	临时标准
明确并对以下设施施工位置进行评定；排水装置、汽油、原油和润滑剂管道、弹药库，停机坪；统计大量使用的飞机跑道等硬质路面；稳定土质。	进行土木工程选址准备，包括为汽车通行区和停机坪、建筑设施和坚固的混凝土地面铺设路面
帐篷（可用木结构框架和木地板）	木结构框架，可移动结构和标准建造系统
战术用小型发动机：高压或低压发动机	非战术用或商用电源，高压或低压发动机
水源、井或其他可提供便携式冷凝设备	限定分配给医院、食堂和其他大型用户使用
为医疗、食品和仓储提供便携水和密封加压水的分配系统	在临时结构中安装冷凝设备
供医院和废品处理站使用的有机设备，蒸发式池塘、凹陷地或焚化式厕所、泄湖	严格处理水废物的设施，有限供医院、食堂、浴室、净化点和其他大型用户使用
战术涂层；包括席子，增加和稳定土质，修筑坚固的垫子	常规的铺路设施
轮胎	轮胎和钢罐

（3）需反复考虑的问题

设施兴建工作完毕准备交付使用时，工兵须向使用单位移交相应的责任。根据设施特点的不同，移交可能会涉及到设施（如管道）的测试，因为使用者可能在设施全面完成测试前就已经在使用该设施了。

11. 建造系统

建造系统可提供达到设施要求的快速解决方案。土木工程保障计划者可考虑利用建造系统（如建筑物外表、金属框架结构、拱形钢结构和镶嵌板建造系统），分析设施兴建费用、可能性和完成时限等问题。

保障部队维持和部署的简易基地系统（如美国空军"丰收鹰"和"丰收隼"设备和美国陆军"供应者"设备）。该系统包括帐篷、建筑物外壳板和便于组合的金属框架结构。

全球通用商业建造系统。该系统包括基本掩体（钢筋拱型结构机器）和装有嵌入式电线和设备的标准建造系统。因该系统具有快速安装、可移动定位的优点，所以比在战场上按严格战场标准兴建的设施更加昂贵。

12. 后勤服务标准设计

后勤服务标准设计应着眼于保障联合作战，它是土木工程计划者后勤服务的出发点。设计可根据作战、环境和建筑工地特殊状况要求进行修改。后勤服务标准设计的例子，可在陆军战区兴建管理系统和海军前进基地功能组成系统中找到。

13. 建筑承包商保障

工兵计划人员面临的主要挑战在于如何达到最佳的工兵综合能力，这其中就包括承包商保障。影响承包商使用的因素有：

工期、工作范围、安全因素和作战区域的稳定性；

当地资源（人员和建筑材料）的可用性；

对起重车和港口设备的影响；

可用资金；

对当地政治和经济稳定性的影响；

联络需求；

由部队危机行动计划造成的局限对工兵使用的限制。

14. 建筑承包商

军事行动对工兵的需求量很大，但工兵数量却十分有限。为完成后方地区土木工程保障任务，东道国和美军启用的民间承包商可视为有效和必要的选择。民间承包商具备强大的工程保障能力。它的参与，可保证军队工兵集中精力完成高危战区的工程保障任务。

国防部建造局（包括美国陆军工程部队、海军设施工程司令部或其他由国防部推荐的各工程建造单位）。其主要职责是对与平时军事兴建项目相关的兴建合同进行设计和管理。根据国防部指令 4270.5《军事工程兴建责任》，美国陆军工程部队、海军设施工程司令部和空军为海外特定区域工程承建单位。

为保障作战，联合司令部总司令会将美国陆军工程部队和海军设施工程司令部作为合同设计和管理的临时国防部。对未指定国防部工程建造局的地区，联合司令部总司令通常会指派一个国防部合同建造部门来完成临时任务。美国陆军工程部队和海军设施工程司令部将为联合司令部总司令（如前进基地雇主计划、地形工程、部队防护工程及寒冷天气部队的机动等）提供设施计划、合同管理和工程技术保障。

完成任务时，可通过土木工程扩充计划——如陆军后勤民用扩充项目、空军合同扩充项目和海军建筑能力合同等，发挥重要的保障作用。土木工程扩充合同为联合部队指挥官提供了灵活的选择方案，帮助其及时完成工程和后勤保障任务。

不论作战类型如何，均衡的工程保障能力、周密的计划和执行土木工程保障的规范都能增加完成任务的成功几率。

六、工兵对制订计划过程的贡献

1. 在制定联合部队指挥官的作战构想中发挥作用的工兵因素

（1）东道国的基础设施能力。

（2）盟国或伙伴国的支援。

（3）所需工兵的能力。

（4）设施需求。

（5）有关行动路线的费用估算。

（6）行动路线评估。

2. 详细计划的制订

联合部队工兵及参谋需对作战构想进行评估，以确定以下计划内容：

设施使用的优先权；

利用国防部合同建造部门满足紧急作战需求；

估计所需的工兵数量；

估算资金需求；

估计保障能力；

土木工程保障计划要求。

3. 保障计划准备

下级保障机构应准备详细计划来保障执行联合部队司令部的作战构想。保障计划中涵盖的重要要求应包括但不限于以下几点：

时段内的设施需求；

时段内的建材需求；

时段内对工程部队的需求；

资金需求。

4. 驻地敌对行动

在计划初期，制定计划人员应明确土木工程保障要求，以保障驻地战斗行动。具体计划因素包含：

部队防护的建筑保障；

海港和空运装卸港的设施维护；

兴建与维护主要供应线及设施，保障将来部队回撤和重新部署行动；

终止房地产租借业务，开始抛售活动；

毁坏敌方材料和弹药（破坏活动应是必须的和适当的，不能对平民造成损伤）；

对东道国基础设施和战场毁坏情况进行评估；

清理残骸，对东道国重要基础设施进行紧急修复；

控制和去除危险材料和废弃物；

进行环境清理（见第六章"环保准则"）；

进行资产重组。

5. 部队工兵、承包商和同盟国间的任务移交与重新部署

在重新部署作战行动之前，联合部队指挥官应优先考虑重新安排作业单位。工兵应制订保障计划，以确保美军重新部署。即便无后续任务，工兵也应最后撤离。当开始重新部署工程部队时，国防部合同建造部门及其承包商应留在作战区域，完成土木工程保障任务。应仔细协调联合部队工兵及参谋、陆军工程部队、国防部合同建造部门和东道国间的交接过渡规划。土木工程保障计划应包含以下因素：

（1）联合部队工兵及参谋应明确交由国防部合同建造部门或东道国完成的项目及其维护责任

在按要求使用承包商完成部队工程项目，或为部队重新部署提供设施保障并参与东道国基础设施修复任务等方面，国防部合

132

同建造部门是富有经验的。

（2）国防部合同建造部门需就项目的资金需求与东道国进行协调

东道国基础设施项目可由国际开发银行提供贷款，由外资提供援助，或由东道国自己提供资金保障。作为任务移交的一部分，国防部合同建造部门可为东道国提供技术帮助。对于为东道国基础设施项目应提供的资金使用情况，美国政府各局通常都会利用国防部合同建造部门来进行监督。

（3）移交给东道国的土木工程任务所需的土木工程计划应考虑的因素

①东道国的技术水平。

②东道国承担额外工程任务的能力。

③东道国的工程投资能力。

（4）移交给国防部合同建造部门合同承包商的任务，在制定土木工程计划时应考虑的因素

①国防部合同建造部门的管理和合同资金。

②合同承包商的安全。

③美军重新部署后，东道国内承包商的状况。

④国防部合同建造部门与驻东道国军队总司令及美国大使之间的关系。

七、东道国应考虑的问题

东道国在计划联合与多国部队作战时需要考虑很多问题，同时，必须强调不同施工单位间的通信联络、相互协同和文化等因素。翻译和顾问人员应经常相互协调，并为联合部队提供关键的通信联络，为东道国土木工程项目提供所需的专家意见。基础设施建设应纳入东道国保障协议计划中。联合部队工兵及参谋人员、

人员评估官员、当地官员和军民项目作业官应协助联合部队指挥官确认设施的建设问题及其他有关问题。这些都是保障部队部署和决定美国政府建筑费用（如劳力和美国政府承包商税收等）的关键因素。

1. 关税和税费

部队地位协议和东道国保障协议应强调美国政府承包商的地位。国防部越来越依靠美国承包商来保障联合作战所需的设备维护、后勤服务和建筑施工。这点在采用民用扩充计划（如陆军后勤民用扩充计划、海军建造能力合约与空军合同扩充计划）时尤为重要。部队地位协议与东道国保障协议应采用书面形式注明免征进出口关税。由美国政府或代表美国政府采购的进出口商品的增值税，以及东道国对公司征收的各种税收也应免除。如从有限的作战资金中支出关税税费，作战保障能力就会削弱。

2. 东道国劳力和材料

东道国保障协议应注明，美军有权使用东道国的劳力、材料、基础设施和后勤服务。在降低美国政府费用和制止当地经济走下坡路间保持平衡十分重要。征求军民项目作业官的意见后，联合部队工兵和参谋应采取措施，避免将东道国人员的信息透露给东道国有关责任部门，如环境管理等机构。

3. 国防部民间承包商

承包商的费用是东道国保障协议考虑的重要因素。如何对待部队地位协定中的国防部民间承包商和美国承包商同等重要。如果对二者不能一视同仁，会导致作战中断的概率增加。因此，部队地位协定应重视为国防部民间承包商和美国承包商提供良好的待遇。

4. 质量控制

在执行合同过程中，联合部队工兵和参谋应确保对合同工程进行质量控制。接受监督的设施建筑或维修服务机构，因其完成任务知识经验丰富，应当做出承诺，确保建筑施工质量。

八、使用东道国政府所属设施的要求

使用前，应将设施的状况（如物理、环境和外观设计）记录在文件中，并由美国和东道国人员共同确认。在推荐使用美国设施前，均应提供真实的设施图片和文字描述。如果可能，东道国代表机构在使用设施前，也应对设施状况进行确认。这些措施能够极大地减少东道国提出设施损害赔偿的纠纷。对设施的改造应保持在最低限度。若需改造，改造前应与东道国协商并经其允许后方可实施。

九、人道主义援助和民事援助

在人道主义援助和民事援助设施项目中，联合部队工兵单位会与东道国政府协作，共同修复或改进基础和公共设施。人道主义援助和民事援助项目是经《美国法典》第 10 章第 401 条款特别授权，向与军事演习和作战相关的东道国平民提供的。尽管人道主义援助和民事援助在联合司令部总司令的指挥下进行的是灾难救助，但其目的并不旨在应对灾难。就工兵作业而言，人道主义援助和民事援助主要涉及：建设基础路面交通系统；开凿水井；兴建基本卫生设施；对公共设施进行基础建设和维修；使用人道主义救援和民事援助资金等。就如何实施人道主义援助和民事援助的相关法律问题，可向专业法律人员咨询。

十、对外人道主义援助

为帮助国防部进行灾难救援工作，联合国和美国国际开发署下属的国务院对外灾难援助办公室将对国防部救援活动提出要求。对外人道主义援助计划的重点是如何使用国防部过剩资源、紧急运输系统、灾难救援设施和其他资源去缓解受援国的紧急需求。联合部队的主要使命是提供及时的人道主义援助，减少生命伤亡，而土木工程项目的贡献则在于打开主要交通线，为战区人员提供住所、水和基础设施保障。联合部队工兵及人员必须与后勤立法机构密切协作，并通过军民项目保障中心与东道国和美国大使馆代表共同协商，制定规范，为灾难救援提供有效的土木工程保障。

十一、制订多国工程计划时应考虑的因素

盟国间的合作可能会给联合部队指挥官带来挑战。联合部队工兵及参谋必须确定哪些土木工程保障可由其他国家提供，哪些由美国部队提供，多国部队设施有哪些具体要求。在为多国部队联合作战制定土木工程保障计划时，应着重考虑以下因素。

1. 能力

伙伴国的工程能力常因其内部规定、组织、训练、领导、设备、历史和资金等情况而有所不同。在规划和实施作战行动时，联合部队工兵及参谋必须认识并考虑到这些差异。

对于有能力承担高级工程建设的工程单位，应让其承担主要的工程项目。这类工程部队能力超强，在完成自身的土木工程保障任务外还能承接额外的工程任务。

对某些不具备高级工程建设能力的合作者，应该为其安排与之能力相适应的工程任务。这类工程部队人员应积极提升其工程能力。

某些情况下，参与工程建设的同盟或联盟工程部队可能缺乏某种工程能力。此时，联合部队工兵及参谋应调整计划，按需为

其提供相应的土木工程保障。

2. 整合

多国部队作战的主要挑战在于，如何有效地整合和运用各种资源，达到共同目标。要通过整合完全不同的工程能力、设施和程序实现共同目标。计划制定过程中应考虑以下因素：

减少盟友间分歧，制定工程标准，确定鉴定程序；这些标准应包括材料、训练、设备和程序标准等要素；

盟国联合实施工程项目时，可能已有现成的国际标准协约。例如，在北约组织中，美国是一系列北约协议的签约国。另外，美国还签署了其他国际标准协约，如与美洲国家、英国、加拿大、澳大利亚签订的美陆军标准协约、空军标准合作协约和海军 Z 领域合作协约。这些协约均要求盟国共同遵守执行，是美国或其他签约国的行动指南；

多国后勤保障行动的附加信息见 JP4-08 多国后勤作业，《多国作战后勤保障联合条例》；

在盟国内部制订、实施工程标准和协定更为困难，因为这些标准和协定都是专门针对特定目的的短期安排。一般情况下，部署前几乎没有时间制订这些标准和协议；

在部队部署到作战区域前，无论是双边还是多边保障协议，均应消除所发现的土木工程保障缺点；

3. 雇用

在确定达到预期目的后，应在对多国部队内每个国家工程能力评估的基础上，给多国部队下达新的特殊的工程任务。

十二、各类组织间的合作与协调

美军的许多作战行动会涉及到美国政府各局、许多非政府组织、国际组织和地区性组织。这些组织间的协调会给联合部队指挥官及其工兵和参谋活动带来挑战。

1. 美国政府各部门

为全面实现美国的整体作战目标，要求联合部队指挥官与美国政府各部门进行合作。这些部门能以其资源和资金优势支援联合部队实现其作战目的。国务院和美国国际开发署将协同非政府组织和东道国各部门完成任务，帮助美军实现其作战目标。联合部队指挥官及其工兵和参谋也应与国务院和美国国际开发署合作，努力消除东道国内部分歧。另外，使用东道国或非政府组织的资源，将会减轻联合部队对土木工程保障需求的压力。

很多情况下，美国国际开发署会为东道国内的土木工程项目投资。这类投资旨在减轻战时或灾难环境的影响，刺激东道国经济复苏。如联合部队和美国政府间缺乏协调，将导致双方努力事倍功半。

联合部队与美国政府各部门间的协作将平衡非政府组织或东道国的资源，用以保障那些因资源不足需要帮助的项目。

2. 地区组织

地区组织通常配备所需的资源和专家，参与处理复杂的部门间事务。这样，土木工程项目可得到更加全面细致的规划，资源也能得到充分保障，但首先必须仔细计划对这些组织的保障。在具体操作前，必须依法对外国组织和政府所提供的保障进行限制。

有关各组织间合作的附加信息，参见 JP3-08《联合作战期间的部门协调》。

十三、国内作战的土木工程保障

美国国防部有能力应对美国本土及其领土内大规模的紧急事件。国防部为部队部署、维持提供多种手段和设备，其中工兵是保障本土作战的基本力量。

1. 主管国防部本土作战的政府权力机关

在大规模的灾难面前,美国国家和地方政府可能会被巨大损失击垮。此时,国防部可为国家和地方政府提供保障。在紧急情况下,可运用相关法律、行政命令和方案,调动国防部资源应对非军事紧急情况。最著名的方案是《联邦应急方案》,该方案根据《灾难救助与紧急援助法案》实施,具体由联邦紧急事件管理署操作。

2. 保障本土作战的土木工程任务

由于美国灾难救援行动的特殊性,制定深思熟虑的计划几无可能。在危机行动计划中,联合部队工兵承担两项保障任务:

作为联合部队的一员,提供土木工程保障;

作为应急保障职能 3 的主要计划和执行机构,为美国陆军工兵营提供土木工程保障。详见《联邦应急方案》"公共事务和工程"部分。

3. 保障本土作战的土木工程任务的协调

担任保障任务的指挥官应针对主要灾难事件建立联合特遣队和联邦紧急事件管理署灾难处理办公室,制定本土保障任务计划。应通过国防部协调员呈递应对灾难的军事援助要求,并指定军官指挥国防部的保障行动。国防联络员是负责合作沟通和有效运用国防部资源的唯一联络点。美国陆军工兵营与其他紧急保障单位一起,通过国防联络员向国防部申请提供保障(如联合部队土木工程保障)。国防联络员协调并满足司令官和联合部队指挥官的要求,通常与其他紧急保障单位共同制定任务需求和执行保障计划。

4. 本土作战土木工程保障计划事项

实施土木工程保障任务的目的是立即采取行动,挽救生命和财产,稳定灾区局势和快速撤出。作为国防部应急保障职能 3 的计划领导机构——美国陆军工兵营应为其常规《联邦应急方案》任务制定行动计划。联合部队土木工程计划者应注重考虑快速部署工兵部队,挽救生命财产,稳定灾区局势,为联合部队提供工程保障。计划中应考虑以下特殊事项。

（1）土木工程应急行动计划应包含的要素

对紧急基础设施修复的土木工程保障要求（如紧急电力供应和道路修复）。

①前往灾区的时间和路径。

②灾区的通信设施状况。

③灾区内，保障联合部队驻屯和作战的基建营房状况。

④对部队重新部署的土木工程保障需求。

⑤由于核生化污染和其他环境威胁事件，对在受污染地区进行作业的防护设备需求。

⑥与国防部协调，为美国陆军工兵营执行应急保障职能3任务提供保障。

⑦灾区受灾情况影像资料。

⑧联邦紧急事件管理署和美国陆军工兵营提供的灾难救助模式信息。

（2）土木工程修复和部队重新部署计划应考虑的因素

①为已部署部队提供的土木工程保障持续时间。

②对军队工程部队向国防部合同建造部门移交任务的要求。

③清理、去除和处理残骸的要求。

④除国家资源外，对紧急住所的潜在需求。

⑤与国防联络员协调，为美国陆军工兵营执行应急保障职能提供保障。

十四、个人战备训练

传统上，国防部一般在发展中国家兴建基础设施。法律不允许在国内进行类似活动。1993年，国会设立了军民合作行动计划资金，详见《美国法典》第10章第2012款。

第四章　土木工程保障作业

一、概论

　　土木工程保障作业包括需要精心设计的大型工程，同时也包括涉及整个军事行动中环境问题在内的后勤保障。在作战行动的每个阶段，即在从战前到战后再到部队再部署的整个期间，土木工程保障作业能使联合部队圆满完成任务。土木工程支援联合作战的主要内容包括：联合接收、集结、运送和集中，机动与反机动，前进基地扩建，联合越岸后勤，部队防护，战后行动，以及支援后方安全与基地防卫行动。此外，土木工程保障还包括对外国人道主义援助、灾害救助及国内支援等非军事行动。

　　由于土木工程作业有可能在做出危机反应的情况下实施，因此，对工程部队的使用要周密计划并加以严格控制，以对有限的土木工程资源实施有效管理。此外，工程保障任务本身也需要提供如物资、油料、装备以及合同等内容广泛的后勤保障。所有这些均涉及到补给品从请领到获得所需时间、经费和运输等要素。土木工程部队成建制小队及成套设备，可通过空运快速部署。后继部队及其装备由于均为重型装备和战备物资，因此需要提供海运保障。

二、联合作战各阶段土木工程保障

　　应计划实施土木工程保障，以满足战役或主要作战各阶段的需求。分阶段实施土木工程保障，有助于联合部队指挥官和联合部队工兵根据部队、资源和时间确定土木工程保障需求。其优点是，有助于通过各阶段作业的合理计划达成主要目标。联合部队工兵和参谋必须确定如何有效实施土木工程保障，以支援联合作战各阶段的作战行动。

1. 交战

交战阶段的土木工程保障作业主要是为联合部队筹建作战区。成功实施土木工程保障对部队部署与使用计划的实施至关重要。

（1）威慑交战阶段土木工程保障的一项主要任务就是建立前进基地。不论部队部署规模有多大，部队部署均需建立前进基地，用于人员、装备及后勤的接收、驻营和使用。同时，工程部队还需建立中间集结基地，以对前进基地提供支援。虽然在作战计划和作战命令中已确定建立这些基地，但最终部队能否部署于这些基地，将取决于对任务需求的评估、威胁程度、用于保障的基础设施状况、部队部署所需时间以及特种武器系统需求等因素。此外，地面机动部队、海军舰船、飞机、航天部队或信息系统，都可能需要提供相应的保障。

（2）建立前进基地所需资源主要来自于以下渠道：预置资源、东道国协议资源、盟国与联军提供的支援以及部署的装备。上述资源具体包括：营具、车辆、发电系统以及消耗性补给品等。虽然能力不同，水平各异，但所有工程部队均能实施包括发电、饮用水供应以及对机动作战提供支援等基本保障作业。建立前进基地和中间集结基地初期，工兵作业项目如下：

建立供水点、野战厕所和卫生系统；

提供执行任务急需的电力保障；

采取基地实物防卫与部队防护修建保障措施；

建立消防与防护能力；

提供作战支援，即提供飞机拦阻系统；

为设施、营地、道路和通用系统准备场地示意图。

2. 作战初期的土木工程保障

此间需要在战区内调动并建立一支决战部队。作战初期的土木工程保障主要围绕提供调动、接收和安排部署部队驻营所需的基础设施和后勤保障。上述活动既可在战区内实施，也可在本土某地和部署途中保障点实施。

（1）联合接收、集结、运送和集中

联合接收、集结、运送和集中包括以下内容：一是在战区内接收人员、物资和装备并将其聚集在指定集结地；二是在战区内运送这些人员及装备，并使之与作战部队融为一体，以完成指定任务。运输能力和保障基础设施对快速实施联合接收、集结、运送和集中行动的能力影响甚大。一个集航空港、海港、公路、铁路以及内陆于一体的现代化基础设施体系可大大加快部队、装备和后勤保障的流通速度。

相反，基础设施若发展缓慢，状况简陋，将会妨碍联合接收、集结、运送和集中的实施，进而影响部队部署速度。

可采取多种方式，对联合接收、集结、运送和集中实施土木工程保障，其中包括完善或修建机场、海港、公路、铁路、桥梁、隧道以及通信基础设施。土木工程部队还可对战损的联合接收、集结、运送和集中基础设施及保障系统实施快速抢修。例如，各个军种均可坚固混凝土地面和铺设沥青，以使主要供应线迅速恢复状态。如果修理需求紧急，为使联合接收、集结、运送和集中的保障基础设施迅速恢复使用状态，可能仍需一些后续作业。

详情请参阅 JP4-01.8《联合接收、集结、运送和集中的战术、技术和程序》。

（2）联合越岸后勤行动

联合越岸后勤行动是由两个或两个以上的军种在岸上实施的

后勤活动。联合越岸后勤行动，一般都是通过浅水固定港口，在未经开发利用的海岸线上实施。在正式实施联合越岸后勤行动前，需稍做准备并进行设施安装后，才能形成联合越岸后勤能力。支援联合越岸后勤行动的典型土木工程保障作业内容如下：

实施岸滩侦察；

实施水文地理测量；

记录并实施环境测量；

建立并维持驳运与两栖卸载地；

建立并维持岸滩车行道、降落场和储存地；

安装并建立散装油水系统与储存点；

清除障碍物。

（3）为联合作战提供不动产保障

土木工程保障作业有助于不动产的征用、筹备、管理、修理和翻修。所谓不动产主要包括：土地、房屋、建筑物、通用系统以及房屋配属装备，如东道国港口、机场、保障基地以及分配给部署部队使用的建筑物等。具体内容如下：

场地测量，基线环境测量，设施检查以及地形评估；

场地与道路障碍物清除、筑平和加固；

对临时设施和建筑物的修建、安装、维护与修理；

对闲置不用或放弃的设施进行翻修、修理和修建；

建立并使通用系统与临时设施融为一体；

清除垃圾废料，以保持卫生；

就不动产征用、工程修建、基地保障和设施完善事宜紧急签订合同；

美军可直接从东道国租借的设施；

房地产管理；

可能会影响部队回撤成本的环境因素；

改善部队防护与生存条件；

物品用后清洗，废物清除和财产移交；

将现有场地地图与实际状况作一比较，并将实际变化尽量在地图中反映出来。

后勤计划人员，其中包括土木工程部队工兵，应确保任务所需的不动产资产，签署租借合同和保障协议。不动产资产一旦配属完毕，各军种组成部队指挥官应负责本部队所配属的不动产资产的使用、维护与清除。对不动产资产的清除主要包括设施重建、废物回收及环境清除。接收不动资产前，应将不动产的使用、维护与清除的价格和条件确定下来。

3. 决定性作战阶段的土木工程保障

虽然此间的重心转向作战，但维持提供土木工程保障对成功实施联合作战仍然至关重要。决定性作战期间的土木工程保障主要内容有：支援基地防御、部队防护修建保障和毁损修理等。实施上述保障的目的是，提高部署部队的生存能力，确保任务完成，从而达成战役目标。

（1）部队维持

部队维持所需的土木工程保障，是指有效管理前进基地、交通线、中间集结基地以及其他土木工程保障所需的土木工程保障活动。具体内容是，通过提高和扩大基础系统功能，对现有基础保障设施进行替换与改造，从而改善部队官兵生活质量，最终达到提高遂行任务能力的目标。具体保障项目有：安装中央发电厂、就基地勤务保障签署合同、用专用便携式设备替换野战厕所，以及改善营区生活质量、用坚固的临时性建筑物代替基地帐篷等。这些坚固的临时性建筑物，可由部署的工程部队通过应急合同程序加以征用、安装和管理。

（2）基地防御与部队防护

除满足管理和维持前进基地的需求外，土木工程保障将为整个作战阶段的基地防御和部队防护建筑保障活动提供保障。同时，土木工程作业还要满足保障基地防御而进行的地域毁损控制的特殊需求。地域毁损控制主要包括为减少损失和负面影响，在敌对行动或自然灾害发生期间或之后而采取的措施。基地修建与作业计划必须考虑地域毁损控制需求。地域毁损控制计划还应包括联合部队能力和针对前进基地的潜在威胁因素。

基地防御时，工程保障项目的优先顺序：

障碍物的修建与设置；

建筑物与隐蔽物的加固；

加强能力建设，保护通用系统；

采取伪装、隐蔽和欺骗措施。

详情请参阅 JP3-10.1《基地防御行动的战术、技术和程序》。

（3）毁损修复

工程部队主要负责对维持并恢复基地作战所需的各种系统和保障设施实施战损修复。毁损修复主要包括清除主要供应线和交通线上的路障，修复联合接收、集结、运送和集中行动所需的基础设施，抢修联合越岸后勤系统以及其他主要基础设施。毁损修复应限于小规模的抢修，目的是使主要装备、勤务或设施迅速恢复保障功能，以满足作战需要。毁损抢修通常在事先无准备的情况下，在战斗环境下实施，有时要动用专用设备实施战损抢修（如跑道快速修理设备等）。如有可能，在作战前应确保装备、设施修理的优先顺序，并就有关问题与相关部队进行协调。在向东道国移交之前，应将东道国设施和不动产尽量恢复到使用前的状况。联合部队工兵应与联合部队后勤部队和作战部队一起，确定毁损抢修项目的优先顺序，并对抢修工作进行监督。理论上，毁损项目的修复应遵循以下优先顺序。

指挥所与作战中心；

跑道、港口、码头及主要交通要道；

保障任务完成的基础设施—燃料系统和军需品生产基础设

施；

　　紧急通用系统——水、电及通信系统；

　　防御阵地、障碍物和隐蔽所；

　　作战维护与维修设施。

4. 过渡

　　战役或主要作战的过渡阶段，是指由战争到和平、由军事行动到民事活动和由计划行动到非计划行动的过渡。过渡行动需要加强合作与协调，以确保各项计划尚在进行的行动得到合理调整，并确保过渡中其他工程保障任务的顺利进行。过渡阶段的土木工程保障作业，应与维持部队、作战基地的任务和实施部队防护建设保障的作业同步进行。土木工程保障作业在敌对行动结束后，应进行整合。这主要包括一些部门间机构（如美国国务院）和包括非政府组织及国际组织（如国际红十字会）在内的其他机构。随着敌对行动和军事存在的结束，向相应的权力机构正式提供相应的文件和决定至关重要。联合参谋机构的法律顾问应对所有参谋人员的行为进行审查，以确保其遵守美国与东道国法律和战区指令与政策，尤其是有关经费与资源方面的法律。

　　支援过渡行动的土木工程保障作业内容包括：

　　中止保障合同；

　　移交设施与不动产；

　　重建前进基地和集结区，收回战备物资；

　　签订应急合同（如民事扩充计划）；

　　清理污染区和废物处理区；

　　修建救助中心和难民营；

　　修复因美国军事行动而毁损的民用基础设施；

　　修建部队重新部署时使用的设施（如洗脸架和仓库）；

　　布雷场标识与扫雷；

　　港口测量与清理；

地形测量产品的研发与生产；

修建外国人道主义援助与人道主义和民事援助项目；

三、准军事行动

准军事行动通常是指为达成战略目标，由联合部队、各政府
部门和多个国家共同采取的联合行动。准军事行动包括各种军事
行动，具体如表 4-1 所示。准军事行动的一个显著特点是，既包
括作战行动，又涉及非作战行动。准军事行动也可在美本土进行。
土木工程作业将在维持部队需求和保障人道主义援助方面发挥重
要作用。工程部队与所有有关作战部队和民事机构保持有效的联
系是成功实施准军事行动的关键。

表 4-1　军事行动的范围

作战	军事行动	美国总的目标	代表性例子战争
	战争	战而必胜	大规模作战行动攻击/防御/封锁
非战争	准军事行动	威慑战争与解决冲突	强制和平，反对恐怖主义，显示力量与空袭，维持和平，非战斗撤离行动，国家援助，反叛乱等
		促进和平，支援美国民事当局	自由航行，反毒品，人道主义援助，保护航运，民事支援

1. 在外国领土进行的准军事行动

支援准军事行动的多数土木工程保障作业将在国外领土进
行。其主要内容如下。

（1）对外人道主义援助

对外人道主义援助将减少自然和非自然灾害所造成的损失，
或使诸如伤痛、疾病、饥饿或贫穷状况得以缓解。支援对外人道
主义援助行动具有代表性的项目如下文所示。一般情况下，由美

国部队提供的对外人道主义援助支援，就范围和时间来讲都是有限度的。它是对由东道国、政府机构、非政府组织和国际组织提供援助的补充。战区内能提供支援的可能仅有美国部队，因此，美国军队应尽快将对外人道主义援助活动移交民事当局。军民活动中心提出包括土木工程保障在内的军事支援需求，并对此工作进行协调。

支援对外人道主义行动土木工程保障项目有：

清除碎片；

修建救助中心和难民营；

改善环境卫生；

饮用水生产与分配；

应急发电与照明；

恢复公共设施与运输线路；

重建基础公共设施；

对城市搜索与救护提供支援；

修建临时设施。

下面以联合特遣队 160"海上信号行动"为例：

1994 年 8 月至 1996 年 2 月间，分别来自陆军、空军、海军和海军陆战队的工程部队，被部署到古巴的关塔纳摩湾海航站，以对联合特遣队 160"海上信号行动"提供支援。其主要任务是，为等待遣返回国或假释到美国的 4 万名古巴和海地的移民，提供法律、宿营和维持服务。各军种工程部队在后勤部工程参谋机构的统一指挥与控制下，从布满岩石和长有仙人掌的地貌上开辟出移民区。该移民区具体由宿营帐篷、水泥砖石浴室及大型娱乐区组成。此外，工程部队还为7000 名部署人员、后勤作业场和通用保障系统修建了若干个军事保障营地。此次行动中提供的主要工程保障项目有：铺设了一条长 10 英里的饮用水分发管道，修建了约 90 万平方英尺的储存空间和 3 个日处理废水 100 万加仑的废水蒸发氧化塘。（资料来源：《联合特遣队 160 行动报告》，1996 年 8 月）

（2）人道主义与民事援助

人道主义与民事援助计划不同于对外人道主义援助计划。人道主义与民事援助活动需事先制订计划，并与军事行动和军事演习同步进行。这些活动将主要满足部队训练需求。此举偶尔会给当地人员带来人道主义利益（如通过训练，提高专业技能）。人道主义与民事援助的土木工程保障将包括如下内容：

修建主要地面运输系统；

打饮水井，修建基础卫生设施；

修建与修复公共设施（如学校、门诊部和社区中心等）；

对东道国人员进行训练，进而提高其专业技能；

场地勘测、制定修建计划。

（3）和平行动

和平行动具体包括为支援外交努力、建立并维持和平而实施的维和行动和强制和平行动。军事和平行动适用于各种情况，并在冲突发生之前、期间或结束后支援外交活动时实施。和平行动持续时间会相当长。例如，美国从 1982 年就向西奈半岛派多国部队观察员。随着和平行动的本质发生变化，工程部队在维和或强制和平行动中的作用也会随之改变。例如，在东帝汶实行的强制和平行动，最初只是复杂的救援行动，后来却变成一支由军种工程主任指挥的联合特遣队。

执行诸如维和与强制和平这样的和平行动持续时间长，客观上要求提供相当规模的土木工程保障，尤其是在联合作战的初始阶段更需如此。具体地讲，就是提供质量较高的设施修建和土木工程服务，以保持部队士气和生活质量。随着和平环境趋于稳定，军队工程部队将中止保障行动，取而代之的是签订应急合同（如后勤文职人员扩编计划、空军合同扩编计划等）。

实施和平行动时，军队工程部队主要承担和平建设任务。和平建设任务一般在冲突结束后进行，目的是加强和重建政府基础设施及社会公共机构，以免发生新的冲突。和平建设任务具体包括：重建公路、通用系统和主要基础设施等。

> 1999 年 12 月 15 日，在委内瑞拉，暴雨造成大面积山体滑坡并引发洪水。山体滑坡对家园、企业、学校、车辆和人员造成巨大损失，整个村庄被淹没，据估计，死亡人数达 5 万。灾害发生后几小时内，军方便组建了一支联合特遣队，对灾害迅速做出反应。特遣队将人员转移到安全地带，空运食物、药品和饮用水达数千磅。配备有先进的每小时能净化 3000～6000 加仑水的饮用水净化设备的 192 支援营被部署到灾害现场。此外，特遣队还对大片路面进行了障碍清除和平整，为灾害重建工作铺平了道路。(资料来源：《"发生在委内瑞拉的灾害"：特遣队应急反应》，军事工程部队，2000 年 5～6 月第 605 期，第 71～73 页)

2. 国内支援行动

国内支援行动通常由美国部队为支援当地政府机构在美本土及其领土和领地进行。美国部队提供支援的目的是，对国内出现的危及人们生命财产安全或中止政府正常工作的紧急情况做出反应。出现下列情况时，地方当局会向军方提出支援请求：自然灾害，如台风、地震、森林大火和洪水；非自然灾害或出现包括井喷在内的紧急情况等。通常情况下，美国部队在提供援助的同时，还对其他联邦机构提供支援。因此，在军方对国内出现的紧急情况做出反应前，国家或地方当局必须事先提出援助要求。与此同时，总统必须宣布国家因出现重大灾害而处于紧急状态。

国防部国内支援行动的主要形式是，按照联邦紧急反应计划，对出现的灾难迅速做出反应。依照联邦紧急反应计划，联邦应急管理局的主要职责是，就向州和当地政府提供联邦援助（包括军事支援）工作进行协调。通常情况下，美国部队被用来对自然灾害或非自然灾害或对出现的影响州和当地政府正常运行的紧急情况做出反应。

当发生的灾害超过州和地方当局的处置能力时，州长应向美国总统提出提供援助的请求。总统同意提供联邦援助后，联邦应急管理局长在联邦政府对灾难做出反应期间，将执行具有 12 种应急支援功能的联邦紧急反应计划，以支援联邦应急管理局。总统下令后，国防部方可实施灾难救助行动。联邦应急管理局指定一名联邦协调官，在灾难野战办公室现场对联邦救助行动进行协调。适于军事援助的要求，应呈报作为国防部执行人的陆军部长。陆军部长将任命军事支援主任作为其执行代理人。依照军事支援主任的指示，并在参联会主席协调下，受援司令任命一名国防协调官，就国防部整个援助行动进行协调。军事支援主任就援助要求与参联会主席和国防部部长办公室进行协调，并指示受援司令按要求提供支援。受援司令派遣国防协调官，并组建联合特遣队以提供支援。各方关系见图 4-1。

大多数国防部支援都限于采取反应行动，即支援等级水平较低，仅采取相应的行动以恢复原有的状态。国防部提供支援的主要目的是，采取紧急行动以挽救人们的生命财产，协助地方当局稳定灾区的局势，并在任务结束后尽快撤离灾区。按联邦紧急反应计划而采取的联邦反应与恢复行动，主要涉及两个领域：一是修建基础设施；二是提供工程勤务保障。

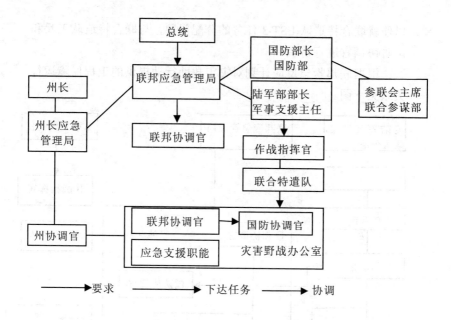

图 4-1　美国国内支援行动各方关系表

在主要灾害反应行动中，工兵首当其冲。在执行灾害反应任务时，工兵主要负责修复业已毁损的基础设施。只有工兵完成应急反应任务，其他反应组织才能展开任务。因此，应当首先部署工兵。

在灾害反应与恢复行动中，工兵作业是由美国陆军工程部队和联合特遣队提供的紧急支援的一部分。应急支援职能-3 由联邦应急管理局确定后，美陆军工程部队将部署应急反应与恢复办公室，开始计划并实施由联邦应急管理局确立的应急支援职能-3。依据标准的联邦紧急反应计划程序，美陆军工程部队首先要求为国防协调官提供联合特遣队工兵支援，继而提供应急支援职能-3任务，由联合特遣队工程部队执行。协调并有效管理工兵活动和确保美陆军工程部队、其承包商和联合特遣队工兵间步调一致的最有效的方式，是应急反应与恢复办公室由美陆军工程部队指挥，以便就联合特遣队 EST-3 任务的分配问题，与联合特遣队工兵和国防协调官进行协调。

根据联邦紧急反应计划对灾害救助行动提供的工程保障运行关系见下图。

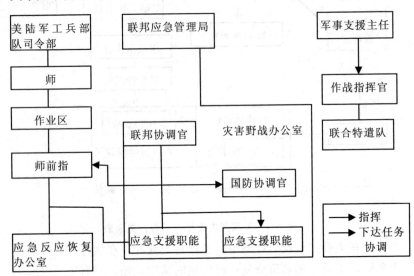

图 4-2　针对灾害救助行动提供的工程保障运行关系

各军种工程部队均参与国内支援行动。各军种参与国内支援行动的常规工程部队有：海军机动修建营；空军"红马"部队；陆军战斗工兵营；营或加强连基于任务编组的工兵支队（该支队同时还隶属海军陆战队工兵支援营）；此外，还包括架桥、钻井、发电和饮用水净化等特种工程保障部队。国内支援活动土木工程保障项目如下表所示。

表 4-2 国内支援活动土木工程保障项目

典型的工程保障任务
清除碎片； 重建通用系统； 修复基础设施； 紧急发电照明； 卫生清扫； 饮用水生产与分配； 为城区搜索与救护提供支援； 修建临时设施； 修建并管理兵营和临时隐蔽所； 灭火及支援行动； 环境保护（如对井喷和危险物资做出反应）。
美陆军工程部队紧急反应任务
实施电力评估，并启用 249 工兵营安装应急发电机，以满足紧急供电之需； 清理碎片、修建临时隐蔽所并启用承包商对公共设施实施抢修。
联合特遣队工兵主要执行任务
从紧急运输设施上快速清除碎片； 对公共设施实施抢修； 为主要公共设施提供紧急电力保障。
工兵承担的主要基础设施修复任务
从公路和运输设施上紧急清理碎片； 减少、清除并处置瓦砾； 执行临时任务； 为房屋提供临时屋顶构架。

历史上较为典型的国内支援活动举例如下：

"安德鲁"号飓风于 1992 年 8 月 24 日袭击了南佛罗里达州。就财产毁坏程度而言，"安德鲁"号飓风堪称当时降临美国最严重的自然灾害，财产直接损失达 200 亿美元，2.5 万间房屋变为废墟，另有 5 万间房屋遭到严重破坏，约 17.5 万人无家可归。灾害发生后，布什总统立刻命令国防部提供国内支援。命令下达后的第二天，美陆军一支军队开赴灾区，运送全套炊具及其它供应品。驻扎在北卡罗莱纳州勒琼兵营的海军陆战队在哈里斯机场搭建了108个帐篷和支援设施，供无家可归的难民临时居住。陆军第82空降部队和佛罗里达陆军国民警卫队，协助当地法官为居民和商人提供安全。在灾害后的头十天里，空军运送救助物资1.4万吨，到支援行动结束时，共空运货物2.14万吨，人员1.35万名，共飞行724个架次。

四、特种土木工程支援行动

除了以上谈到的常规土木工程能力外，美各军种还具有某些特种土木工程能力（包括工程技术与合同支援）和环境保障能力。

以下是一些体现特种土木工程能力的例子，有的集中于一个军种，有的存在于每个军种。

1. 消防

包括对航空、建筑物、救助与危险材料和大规模杀伤性武器做出反应。

2. 爆炸物处理

提供安全并处置危险弹药，对突发性爆炸装置和大规模杀伤性武器做出反应和提供部队防护评估支援。

3. 核、生、化防护

包括核、生、化灾害准备计划、训练、反应、监测以及消除放射性污染等。

4. 军地行动

训练、计划、资源共享和装备保障等。

5. 修建合同、工程保障合同及工程技术保障

具体包括修建项目设计与修建合同管理。此外，各军种组成

部队均有能力从工程勤务中心、特种研发中心及合同资源部得到额外技术工程保障。

6. 设施工程与管理

工程保障包括对设施与基础设施的维护、修理、修复以及修建，进行总体的项目计划、设计与管理。

7. 钻井

包括选址、勘探和钻井。

8. 水下修建

指地址勘探、设计和修建水下工程项目，如码头、堤岸以及支援装卸港所需的其他结构等。

9. 水泥与沥青生产和采石作业

建立并管理水泥与沥青生产工厂及经营采石作业，以对跑道、道路以及其他大型水泥与沥青使用项目提供保障。

10. 环保作业

环保作业的目的是减少负面环境影响，确保人员安全与健康，减少部队部署后的环境污染。虽然部署的土木工程部队拥有提供环保的能力，但通常情况下仍需承包商为长期或大规模项目提供环境保障。

典型环保作业内容包括：

基线环境监测；

场地勘查以确定环境和人文状况；

在制定计划时，考虑环境因素；

建议使用无毒环保材料；

制定应急反应计划，并实施应急训练；

建立固体和液体废物处理系统；

建立危险品分发中心；

建立危险性废物收集与运送中心；

抽样检查水源以防污染；

场地勘测，清除废物与多余品。

五、土木工程状况报告

联合部队指挥官需提供准确而及时的信息，以便有效计划并实施联合作战。就土木工程保障而言，联合部队指挥官需及时提供确保后勤保障和维持联合作战所需的有关土木工程保障情况。

1. 土木工程保障现状

主要内容包括：

工程部队和资产的部署；

交通线（包括卸载航空港、卸载海港和主要供应线）的修建与完善；

部队营房的管理与维护及前进基地、基地兵营和后勤设施的修建；

工兵人力、装备和修建物资以及环境状况等。

军种组成部队通常情况下，应向联合部队指挥官呈送报告，呈送的时间从每天到每周不等，要视具体情况和联合部队指挥官及上级司令部业已确定的报告要求而定。联合部队工兵和参谋提供指导并收集、汇总和领悟主要土木工程状况报告，以便对执行情况进行有效监督，并及时向联合部队指挥官提出修改意见。联合部队工兵和参谋根据联合部队指挥官的要求与指令设定具体样式，确定内容和评估系统。

2. 土木工程状况报告

主要内容包括：

卸载航空港的修建与完善——跑道状况、障碍物和修建项目；

装卸港的修建与完善——码头泊位状况、海滩状况、海岸保障资源和修建项目；

交通线——主要供应线、桥梁、铁路及水路状况；

部队安营——前进基地和中间集结基地状况、部队防护修建保障及主要项目；

工兵人力——军队人员、地方人员、东道国及承包商；

工兵装备——装备完好率和紧急维护；

第四类物资（工程建筑材料）——质量报告、交付日期和东道国保障状况；

环境状况——需要上报的事故和材料。

第五章　土木工程能力

一、概述

　　勤务部队都具有土木工程建筑能力，以保障联合部队指挥官完成各种环境下的任务。了解勤务部队的土木工程建设能力可使联合部队指挥官和联合部队工程主任根据需要使用工兵，从而高效完成任务以支持联合作战。工兵可有效地与地方承包商、美国机构、非政府组织和国际组织在一个联合作战环境、多国作战环境下工作。联合部队指挥官应了解工兵能力，以使其更好地融入联合作战。联合部队工程主任负责向联合部队指挥官提供综合性建议，以有效地使用土木工程部队来支持联合及多国作战。

二、陆军能力

　　1. 陆军工程部队
　　陆军工兵分队具有广泛的能力，可计划并实施战斗工程、民用工程和地形测量工程任务以支持联合及多国军事行动。陆军工兵分队除了具有修建、维护、修理设施、主要供应线、机场、码头、铁路、桥梁和交通线的能力外，还可负责计划和协调，具备开展开采作业、房地产工程、环境和设施工程能力。
　　2. 专业工兵能力
　　陆军具备许多专业工兵能力（见表 5-1）。

3. 土木工程技术和合同保障

美国陆军工程部队是陆军主要部队，负责执行陆军和国防部军事工程兴建、不动产购置和民用工程计划中的国家基础设施建设。拥有下属部门、区域、试验室和中心的美国陆军工程部队，可通过技术援助及合同来保障世界范围内联合部队的土木工程作业。美国陆军工程部队的区域和联合部队的关系应在计划阶段明确。例如，韩国，远东地区在紧急情况下直接支援美国部队。陆军环境中心提供全方位环境计划保障和承包服务。详情请参阅本编附录一《陆军工程部队》及附录五《建设合同代理人》。

表 5-1　陆军专业工兵能力

设施工兵组可进行不动产购置	工程潜水作业
输油管建设公司	采石作业
港口开放公司	水井钻探
铁路保障	自倾货车公司
后方行动保障	消防
桥梁公司	公用事业
地形测量工程	

三、海军能力

1. 海军工程部队

海军建设部队主要是海军工程分队，承担一般性及专业性的修建任务以支持联合部队、海军和海军陆战队及其他兵种。海军机动修建营具有修建坚固的垂直建筑和桥梁的能力，可修建供给线，扩建或修建机场，修建弹药供给点，建立远征机场，提供各种部队宿营地和后勤设施。

在军事行动方面，海军机动修建营部队可根据任务需要组建分队，这种灵活的指挥及控制结构可使海军机动修建营在合适的时间、合适的地点以合格的工程专业技能去完成任务。海军机动修建营空运分遣队，作为海军修建营一个连级编制的分队，可在48小时内部署，根据任务组建、完成某项具体任务。用以支持一个海军机动修建营和一个海军修建团的设备和供应品，事先放置在每个海上预置中队。海军修建部队为联合部队、海军和海军陆战队及其他部队提供一般性工程支持。海军修建部队需增强提高海军陆战队有限的工程能力。其作为陆战队空地特遣部队的主要下级单位，可为陆战队空地特遣部队提高工程能力。

2. 专业能力

海军工程部队具有在水岸滩头执行工程任务的专业能力，以支持两栖作战和滩头作战。两栖修建营可运营驳船摆渡，修建架高的堤道系统，安装登陆艇油水供应系统，向海军保障分队提供建筑、工程、安营服务，以支持突击队、后继突击队和海军预置部队联合越岸后勤行动。水下修建部队提供水下修建专业技术，以帮助港口开放或关闭、海滨和码头勘察。海军修建工程部队也拥有包括钻井、架桥、公共事业、采石作业、沥青铺设等作业能力。

3. 土木工程技术和合同保障

海军设施工程司令部提供工兵计划和设计、项目管理、修建、作业及维护、岸基和海上设施作业保障、房地产及设施工程保障。主管修建的军官可提供合同裁决和管理，军队或地方房地产合同签订。海军设施工程司令部拥有流动公共设备保障组，可提供临时或短期公共设备支持，同时还可对环境问题和军事工程提供技术工程保障。海军设施工程司令部可对两栖输送系统和海上及深海设施提供多种技术支持（见表5-2）。详情请参见附录二《海军工程部队》及附录五《建设合同代理人》。

表 5-2　海军土木工程技术和合同保障

工程计划和设计
项目管理
修建及维护
岸基和海上设施作业保障
房地产及设施工程
军队或地方房地产合同签订
临时或短期公共设备支持
环境问题技术工程支持
两栖输送系统专业技术

四、空军能力

1. 空军工程单位

空军工程单位分为重要基地应急工程部队和快速部署重型工程维修中队，他们都能为军事行动的全过程提供远征工程和通用工程保障。空军工程单位既能作为空军远征部队的一部分实施工程保障，又能作为特遣队实施特种行动和作战任务。重要基地应急工程部队可承担建设、维护、修复、消防、核生化防护（包括灾害预防、训练、防卫、污染清除等）、部队防护、爆炸物处理等任务。快速部署重型工程维修中队一般用于严酷环境下独立执行任务，它拥有水平和垂直建设项目；场地开发；跑道、滑行道、停机坪、道路、挡土墙等工程建设和维修；重型土石方工程；设备和基础设施建设与修复等诸多能力。重要基地应急工程部队和快速部署重型工程维修中队共同拥有的通用工程保障能力有：场地勘察；用机动宿营系统和器材建设露天基地（如"收获鹰"和"收获隼"系统）；混凝土和沥青生产；排水和供电系统安装等。快速部署重型工程维修中队的通用工程保障能力更强，能担负水井开挖、净水工程、石料供应、重型水平和垂直建设、大型混凝土筑路工程、大跨度拱型薄壳结构自动建设等高技术、高难度工程任务。

2. 特殊能力

空军工程单位具有的特殊能力较多，包括快速机场跑道战损修复，飞机起降系统安装，空军屯兵营地建设，空难事故抢救，有害材料处置，爆炸物处置，核生化防护，应急机场照明系统、机动飞机起降系统、反渗透膜净水系统和武器储存场地设施的建设与安装，对受大规模杀伤性武器袭击做出初始应急反应等。

3. 工程技术与合同保障

除了基地应急工程部队和快速部署重型工程维修中队之外，空军还有其他一些可为联合部队提供工程技术、环境保护和合同保障的单位。空军工程保障局承担技术保障、人员培训、空军合同扩充计划项目管理等任务。它还能派出专门的小组，对机场路面和跑道状况进行评估，并视情况需要组织对机场特种装备或场站的维护。空军环境优化中心可以提供宽泛的环保技术服务或组织环保合同保障。

五、海军陆战队能力

1. 远征部队

海军陆战队是一支随时准备投入战斗的远征部队，其工程单位主要担负作战工程保障，为三支海军陆战队远征部队及更小规模的海军陆战队空——地特遣队提供通用工程保障。海军陆战队工程部队较弱，只能用于完成短期特种任务，如对空—地任务部队提供远征工程保障，负责修建远征机场、前进基地、着陆区、保障道路及其他小型工程。海军建设部队要对海军陆战队的工程保障部队实施支援和加强。

2. 特种工程能力

海军陆战队的特种工程能力包括：标准道桥和浮桥的架设安装；非标准桥梁、机动供电系统的建设；饮用水生产与贮存；爆炸物处置；机场特别是远征机场的新建、改造与维护；油料供应系统建设等。在海军陆战队空一地特遣队中，工程能力和作战能力是一个完整的整体，之间高度集成，相互融合。

六、工程建设合同保障

工程建设合同保障在联合部队行动中可发挥重要的力量倍增器作用。工程建设合同承包商和东道国工程支援保障可以承担大量通用工程保障任务，从而使工程部队可以更加专注于作战工程保障或完成危险地域的工程保障任务。

1. 合同承包商

合同承包商在某些情况下能迅速释放强大的工程建设能量。他既可以是美国本土的，也可以是东道国或行动地域的。承担的工作内容宽泛，如房地产管理、大型设施勘察设计、军营建设、基础设施的建设与管理等。

2. 建设合同代理人

美陆军工程技术总队和海军设施工程司令部是国防部负责军事工程规划、设计、建设及固定设施和房地产获取的主要工程组织，通过合同管理战区前进基地开设和基础设施建设是其重要职能之一。上述两个单位的工程技术研发能力十分强大，拥有完备的专业技术保障能力。空军在英格兰、土耳其、西班牙和以色列拥有有限的应急合同保障能力。

国防部 4270.5 号令《军事建设责任》明文规定，美陆军工程技术总队和美海军设施工程司令部或其他经国防部指定授权的单位作为美国军事工程建设代理人，其职能包括平时国内外军事工程设计、建设合同发包、建设合同管理，对于海外的军事工程建设发包和管理，国防部为美陆军工程技术总队、海军设施工程司令部和空军划分了明确的责任区域。

战区司令部在应急军事行动中也大量使用美陆军工程技术总队和海军设施工程司令部作为军事工程建设代理人，由他们代为组织军事工程设计、建设合同发包和建设合同管理。当某些国家或地区没有军事建设合同代理人存在时，通常由联合司令部总司令指定其中一家作为临时代理人。

美陆军工程技术总队和海军设施工程司令部可为联合部队提供基础设施规划设计、建设合同管理和复杂的技术保障能力，如前进基地规划设计、测绘工程、部队防护工程、冷天气机动保障等。及时有效地调控使用经费是发挥合同保障作用的关键。陆、海、空军在联合行动中通常派出由文职人员和军人联合组成的合同管理小组，并在尽可能早的时间将这些小组派到作战地区，与来自美国本土、东道国及其他国家和地区的合同承包商协商编制承包合同。

七、房地产保障

房地产保障包括满足联合作战需要的土地和固定设施的获取、管理与处置。联合作战司令部应建立应急行动房地产需求政策和相关项目，并负责提出需求。非美国政府所有的房地产通常通过国际协议赠予、向东道国政府或私人业主租借等方式取得。国防部授权军种部长在国外租赁应急军事行动所需的房地产，房地产保障应作为应急行动计划的组成部分。美陆军工程技术总队和海军设施工程司令部为应急房地产的获取制定详细的工作程序，房地产保障人员也应尽早派遣到作战地区执行任务。

八、合同扩充计划

后勤合同扩充计划、海军建设合同扩充计划和空军合同扩充计划可在全球范围为后勤和工程保障提供支持。合同扩充计划可在联合作战后勤和工程保障行动中发挥显著作用。合同扩充计划由合同代理人实施管理，确定一个总的合同承包商负责为联合作战提供工程建设、设施维护与管理和后勤服务保障。在作战地区确定单一的总承包商管理来自不同国家和地区的子承包商、人员和原材料，有利于避免不同承包商之间为争夺合同资源引起的不良竞争。应注意的问题是，计划和作战要有前瞻性，要加强质量管控，确保承包商满足联合作战任务需求。

1. 陆军

后勤合同扩充计划平时是陆军战备计划的组成部分，包括陆军所有的应急后勤和工程保障合同预案。平时，后勤合同扩充计划中的合同承包商必须预做计划，招之即来。合同承包商有责任在全球范围内做好任务与能力规划，依据联合作战计划编制保障计划，参加军方组织的演习和演练，始终保持良好的战备状态。美陆军器材司令部负责工程建设和通用后勤服务合同保障，其工程建设合同管理由美陆军工程技术总队负责，后勤服务合同管理由国防合同管理局负责。在作战地区，陆军器材司令部的后勤保障单位在陆军高级后勤司令部领导下管理保障合同。合同承包商为作战地区的所有军方单位提供基础设施建设与维护、基地运行管理和后勤服务。

2. 海军

海军建设合同扩充计划采用按造价拨款的合同模式，由海军设施工程司令部大西洋分部负责管理。合同承包商通常是一个大型跨国建筑集团。合同提供多种多样的应急工程保障能力。在波西米亚救灾等应急行动中已成功运用该计划。这一计划能在全球范围（包括美国本土）提供下列能力：

机场和港口设施、桥梁、道路、军火储存设施、电厂、给排水系统、通信和保障系统、医疗系统、战俘营等的设计与建造；废弃物处理；军需保障；休闲设施的建设与管理；公用设施的维护与管理；兵营的建设与管理等。

3. 空军

空军合同扩充计划采用成本加奖励费用合同模式，由空军工程保障局负责管理。空军合同扩充计划首先扩充空军基地的维护能力，为海外基地遭到自然灾害、恐怖袭击和意外事故损害后的恢复行动提供保障。主要功能包括军事工程建造、设计、维修、维护；应急工程管理；建筑消防；部队和设施防护；设障；紧急疏散；战备设施储备；场地和设施功能恢复；废弃物与有害材料处理；环境工程技术服务；后勤服务保障等。

第六章　环保准则

一、概要

在军事行动中完全按环保要求行动是不切实际的,尽管如此,制定联合作战计划时还是应当充分考虑环境因素,使美军各级指挥官在国内外执行任务时满足一定的环保需求。当然,必须记住,多数国内环保需求不适用于国外军事活动。环保准则通过影响军事行动的计划与执行过程(使军事环保成为指挥官在作战计划过程中必须考虑的重要内容之一)强化环保行动,使军事活动对环境的不利影响尽可能最小化。具体内容包括:环境义务;污染防治;历史文化与自然资源保护;生物多样性保护等。

二、环保地位和责任

1. 联合司令部总司令和联合部队指挥官

联合司令部总司令和联合部队指挥官应在最大限度满足联合作战行动需求的前提下,保护军事行动地域的环境。联合部队指挥官要在军事行动过程中全方位地发挥环保领导作用;在部属中灌输环保理念,强化环保意识;确保环保要求作为军事行动计划和决策过程的重要内容;要明确各部门的环保责任和联合部队特殊的环保要求;制定环保目标、战略及相应措施。联合部队指挥官还应当在确保完成作战任务的前提下,尽可能履行环保义务,如遵守国内所有可适用的环保法律、相关国家的最低控制标准、国防部海外环保底线指导文件，有关国国际协定，行动计划、行动命令和行动指示中的环保要求及其他附加的环保要求。履行环保义务的目的在于在最大限度确保战备和作战效果的前提下，使军事行动对人员健康和环境的负面影响最小化。

2. 联合司令部和联合部队工兵

分别协助联合司令部总司令和联合部队指挥官制订环保政策、计划、指示和行动指南并组织实施。

3. 联合司令部和联合部队参谋执法官

向总司令和参谋机构提出环保义务方面的具体内容，如应遵守的环保法律、规章、条约、协定、部队地位协定相关环保条款及满足环保要求对军事行动可能产生的影响分析。在作战计划、作战命令制定过程中，就环保条款和内容的确定提供法律咨询服务。协助联合部队参谋机构和国防部机构在部队展开部署前参与有害材料通行协议的谈判，使作战过程中有害材料得到恰当处理。协助确定环保基线监测需求，处理由于环境损害引发的民事诉求。

4. 联合司令部和联合部队军医官

负责健康服务保障（如防疫和保健）；对饮用水质量和废水状况进行监测；对供水保障的防疫脆弱性做出评估；对营地住址等做出健康危害程度评估；对排水系统和废水处理的安全性进行评估；对环境影响人员健康状况进行监测，定期进行抽样分析，保护人员健康。

5. 联合部队公共事务官

与相关指挥官和参谋人员一道为保障任务的实施协调处理公共关系。联合作战中潜在的敏感环保问题应受到特别关注。公共事务官应清楚在应急环境计划中所承担的责任，并在协调公共关系方面发挥显著作用。

6. 联合部队后勤部门

负责有效控制联合行动中的"三废"排放：有害材料和有害废弃物的管理，包括储存、运输和处置有害材料，并使对有害材料的需求最小化；与环境执法官共同做好有害材料和废弃物通行协议谈判。确立有害材料和废弃物处置程序，使之得到妥善处理。

7. 联合部队环境管理委员会

成立该委员会旨在整合联合部队环保工作力量，将其统一到一个共同的管理机构下，以确保环保行动协调一致。委员会通常应由联合司令部或联合部队工程部担任主席，必要时，还可吸收各军种及联合部队参谋部的代表（如法律、职业保健、预防医学、安全、审计、计划、作战行动及后勤代表）。委员会应参与作战计划的制定，向联合司令部总司令提供环境测量底线，确定例外情况和管理要求。委员会还应协助联合司令部总司令制定联合部队环保政策、实施程序、优先次序以及确保环保标准的监督和遵守。此外，还可从其他联合部队参谋中抽调一些敬业的专业人员（如法律和医学专业人员），成立一个环境工程参谋部，以备小规模作战行动之需。

8. 部队指挥官

负责在作战过程中执行作战计划和作战命令中的环保要求。当出现不能满足环保要求、履行环保义务的情况时，应及时将情况及可能产生的影响报告联合部队司令部。

9. 基层环保联络点

部队指挥官应在本部队建立一个基层环保联络点，负责与联合部队司令部进行联络，承担联络职责的人员应作为该部队指挥官的环保助手。

10. 其他政府和非政府组织

在类似救灾这样的联合行动中，联合部队需要和其他政府与非政府组织协同配合，共同应对危机。在此情况下，联合部队指挥官应接受这些组织的代表参与行动计划的制定，并将其作为联合部队环境管理委员会的特别代表对待。

三、环保要求

尽管有些美国环保要求具有超越地区的广泛适用性，但总体上环保要求还是分为美国本土领土、属地环保要求和海外环保要求三大类别。联合部队环境执法官应就哪些环保要求具有广泛适用性提供指导。例如，在海外作战中，通常依据行政命令 12114 号《联邦主要海外行动中的环境影响》确立环保要求。在美本土作战中，则遵照《国家环保政策法案》确立环保要求。

1. 美本土作战中的环保要求

在一切美本土联合作战中，必须强制性地满足联邦、州和地方政府的所有环保法律法规要求。《国家环保政策法案》要求所有重要的联邦行动都应有相应的环保计划，联合部队指挥官在其计划制定和决策执行过程中须始终把环保作为不可或缺的任务之一。《国家环保政策法案》规范了环保计划程序和格式，但对决策和执行未作相应规定。除《国家环保政策法案》外，联合作战还应遵循其他一系列重要联邦法案，如《清洁水法案》《清洁空气法案》《资源保护与恢复法案》《环保响应、补偿和赔偿责任法案》等。许多环保法律规定有国家安全例外条款，但这种责任免除条款只有在由总统直接批准的联合作战中才能生效，且这种情况鲜有发生。

2. 海外行动中的环保要求

海外联合作战应当遵守有关国家的条约、协议、国际协议和作战命令中关于环保的要求。在没有环保指导文件的情况下，部队指挥官应在满足任务需求的前提下，在作战计划和作战命令中建立关于部队健康保护、降低对公众健康的负面影响等方面的环保导则。关于海外作战环保要求，可参考下列文件、法规：

国防部命令 6050.7《国防部主要海外作战中的环境影响》；国防部指令 4715.5《海外基础设施环保管理责任》；国防部指令 4715.8《国防部海外作战中的环境恢复》；海军军事出版物 4-11《环境保护》；《空军手册》10-222，卷四，《应急作战中的环保指南》；《陆军战场手册》3-100.4 和海军陆战队出版物 4-11，《军事行动中的环保准则》等。

3. 东道国保障协议和部队地位协议

以往的东道国保障协议、部队地位协议等双边或多边协议不一定都涉及环保问题。当前形势发生了很大变化，东道国对在其领土上实施军事行动产生的环境影响日趋关注，要求联合部队承担相应的环保责任和义务，遵守有关法律、法规和协议，这势必对联合作战产生相应的影响。

4. 海外环保底线指导文件和环保最终控制标准

海外环保底线指导文件明确了国防部海外设施环保义务和管理准则，目的在于保护环境和人员健康，它是结合美国国内设施环保标准和国防部海外作战环保法律要求制定的。

国防部海外设施的环保执行代理人以海外环保底线指导文件为依据，结合与设施所在国家协议，该国的环保法律、法规制定相应的最终控制标准。在还没有建立环保最终控制标准的国家，执行海外环保底线指导文件。海外环保底线指导文件和环保最终控制标准不适用于美国的军舰和飞机，但适用于为其提供的保障行动。

5. 国际条约、协定和协议

很多国际条约、协定和协议要求联合作战承担环保责任。如《巴塞尔公约》对国际船运有害材料处置做出规定；《伦敦排污公约》《国际海洋公约》规范了海洋排污行为。联合部队环境执法官应充分考虑这些环保要求并评估其对环境的影响。

四、环保计划

1. 环保计划的必要性

尽早制定环保计划，在取得作战成功的同时，可帮助联合部队指挥官最大限度地降低对人员健康和环境的不利影响。如果不充分考虑环保问题，有可能会对作战产生不利影响。这些影响包括延误战机或者对东道国场地的使用受到限制。如若遭到公众的反对，还可能最终造成作战失败。指挥官应将环保计划作为执行过程的有机组成部分。在联合作战中，各军种部队必须以一致的标准满足环保要求。

2. 环保计划要考虑的因素

联合部队参谋机构制定作战计划时，应在满足任务需要的前提下，使作战对环境的不利影响最小化。制定计划时可参考下列因素（不是在所有行动中都需考虑这些因素，如在海外作战中，没有必要受环保影响做多个备选行动方案）：

联合作战目标和为达成此目标所采取的行动；

达成联合作战目标的潜在可供选择的方式，包括使用计算机模拟和采用新技术减少对环境的影响；

联合作战区域的环保要求；

联合作战中人为的环保影响和不利因素；

环保的潜在影响因素；

联合作战中可能的环保意外事故，如意外溢出；

对环保意外事故的果断决策将影响联合作战区域的环境，对预防和减轻其带来的不利影响将发挥重要作用；

联合作战环保风险决策。如果风险是无法避免的，则必须采取措施减小风险；

军用有害危险材料和废弃物运送协议及环保噪声的处理；

合同承包商地位，包括其在联合作战中的特权和豁免权。

3. 环保关键因素

在联合作战的任何一个阶段，联合部队指挥官都应考虑环境和部队健康的保护。在制定联合作战计划时，除地理位置外，指挥官还必须考虑以下几个要素：

先前的环境条件，环保的弱点及美国在此次联合作战中可能的环保缺陷；

确保完成配置地域的环境评估，军队防疫医疗人员将完成配置地域环保基线的勘测和环保健康地位的确定；

有害材料，包括杀虫剂的管理；

危险废弃物管理；

油料和危险物质溢出的防止、控制和反应训练；

医疗和易传染废弃物处理；

固体废弃物处理；

废水处理，包括卫浴废水处理；

自然资源（包括濒危物种）的保护；

历史文化资源保护；

噪声消除；

通过污染控制带来的资源和能量保持；

营区和场址关闭前的环境清理和恢复；

清除行动的事故报告；

过剩原材料的运送和战术地域环境噪声清除装备；

承包商和承包商车辆必须确保能够进行跨国界运输。

4. 环境风险管理

环境风险管理是对联合作战环境风险进行评估、监测和控制的过程。环保科技知识是计划编制和决策的关键。运用这些知识，领导者可以促进联合作战取得成功，量化环境风险，减少军事人员和平民的伤亡及对环境的影响，减少财产损失，确保联合作战与环保要求相协调。联合部队指挥官在制定全面的联合作战计划时应综合考虑环境风险管理，促使环境风险管理与联合作战计划一体化。

五、环境意外事故

1. 油料和危险物质溢出

控制油料和危险物质溢出的法律和政策保护土壤、水和空气免遭污染物危害。联合部队应最大限度地减少油料和危险物质溢出带来的污染。联合部队指挥官应该为联合作战制定油料和危险物质溢出意外事故计划，以作为《环保准则》的附件。溢出意外事故计划应明确预防程序和行动、溢出事故报告程序、清除行动的责任主体等内容。

2. 环保意外事故

联合作战中，环保意外事故可能由机器装备的崩溃或故障、敌方的破坏、联合作战人员的疏忽等原因导致。措施不当或处理不及时可能会危及人类健康。为此，《环保准则》附件应该明确这类环境意外事故发生时的应对措施。

附录一　陆军工程部队

1. 概要

在贯穿军事行动的全过程中，陆军工程部队作为联合部队的一部分，为联合部队指挥官提供宽泛的工程保障能力。陆军工程部队将承担机动、反机动和生存保障等任务，提供诸如地形分析、地形可视化和特殊制图等遍及联合作战区域内的常规工程保障。该附录旨在明确执行常规工程保障职能的陆军工程组织。

2. 工程司令部

工程司令部通常隶属于陆军，履行以下职能：

指挥、控制、管理、协调并完成联合作战计划赋予工程旅、团和其他工程单位在联合作战中担负的机动、反机动、生存、建设和地形测绘等工程保障任务；

计划、协调联合作战区域内陆军、其他保障单位及盟国的军事工程保障部队，并负责实施保障；

为工程保障项目分配工程部队、材料和装备；

为担负工程保障任务的各单位提供指导和技术支持；

为陆军保障分部提供地形学和军事地理坐标信息。

3. 工兵旅（军以上或陆军部层次）

工兵旅通常隶属于陆军保障分部，也可配属给工程司令部使用，主要履行以下职能：

对从事战斗工程保障的工程单位实施指挥、控制并管理；

分配工程保障所需的资源；

管理东道国人员，对建筑合同实施管理。

4. 工兵旅（军级）

该工兵旅通常隶属于军，主要履行以下职能：

对其隶属与配属的部队实施指挥与控制；

计划和协调工程保障行动；

分配工程保障资源；

计划并控制机动、反机动和生存保障行动；

对所属人员、建筑合同与劳工合同实施管理；

为部队指挥官派遣工程保障参谋；

计划和管理地形信息及测绘工程行动。

5. 工兵团（建设）

这类单位通常隶属于联合作战区域内的工兵旅或工程司令部，指挥配属和隶属于自身的工程单位，并协调工程保障行动。由于该团拥有计划和管理部分特殊工程保障任务的职能，因此也可对联合作战区域内的重型工程保障营实施指挥、控制、计划和管理。主要担负：

计划、管理和协调配属或隶属的从事机动、反机动和生存保障单位的行动，并履行通用的工程保障职能；

管理作战通道的维持与预备分队，主要保障路线（如进出口、作战阵地、江河通道）以及桥梁、沙滩、管线的维修等；

计划和管理工程勘测；

引导和管理配属及隶属的工兵单位完成常规工程保障任务的计划编制，如编制登陆场、直升机场，以及港口设施、铁路的修建与修复计划等。

6. 工程团（战斗）

隶属于军级单位，具有较强的建设能力，并可显著增强战斗保障能力。主要担负：

计划、监督和协调配属或隶属保障单位，从事机动、反机动、生存等行动，并履行通用工程保障职能；

维护（修）作战通道、主要保障线路（如进出口、作战阵地、江河通道）、桥梁、沙滩、管线；

计划和管理工程勘测；

监督配属和隶属的工程单位完成日常工程保障任务，如登陆场、直升机场、港口设施和铁路的修建与修复；

不负责设计管理。

7. 工程营（战斗）（重型）

该单位通常隶属于工兵旅、工程团或是军级单位，或是某一联合部队。它既可以履行联合作战区域的战术保障职能，也可以履行战役保障职能：

通过完成常规的工程保障和机动、反机动和生存保障任务，增强联合作战区域内军、师及其他陆军部队的战斗力；

建造、维修和维护主要保障线路、登陆场或建筑物等；

维修和改造铁路、下水道和公用设施等；

执行工程勘察任务；

构筑障碍以降低敌方机动能力；

担负作战中的障碍清除，但不担负攻击行动中的障碍清除；

管理建设合同与人员；

组织区域废墟垃圾清除与环境恢复行动；

对所属装备系统实施管理，如推土机、铲土机、挖掘机、5吨和20吨的倾倒卡车、紧压滚筒、25吨起重机和轧路机等。

8. 工程营（电力）

电力工程营所属的连、排通常为军以上或陆军部的工程司令部（工兵旅）在联合作战区域内提供直接保障或间接保障，主要履行如下职能：

担负军事行动中的供电保障，并负责为军事行动中的供电保障提供全面的技术支持；

管理陆军供电装备；

战时分发陆军电力装备；

为军营设计和建造电厂及电力分配系统；

为指挥与控制中心、医院、武器系统或者后勤保障区域等提供供电保障；

为指挥官和高级工程师就电力系统提供技术建议；

操作、维修或修复其它电力设备（如小型装备和东道国电力设施）；

提供有限电力系统设计与分析；

进行电力监测；

对合同承包商承建的电力系统与电力设施进行质量监控；

管理美军全球电力资源，协调电力需求；

提高电力保障可靠性。

9. 工程战斗营（军）（轮式）

该营通常隶属于军，也可配属给工兵旅或工程团使用，主要履行如下职能：

通过完成常规的工程保障和机动、反机动或生存保障任务等，增强联合作战区域内军、师及其他陆军部队的战斗力；

在需要的时间增援战区工程单位；

在渡河进攻作战中提供工程保障；

履行后方工程保障任务,包括作战行动和有限步兵战斗任务；

履行常规工程保障任务（如建造、维修或维护登陆场、直升机场、浅滩、指挥所、作战线路、管线、供给装置等），若需要也可承担相应的建设任务；

提供作战、防御工事、伪装、毁坏和工程勘察技术等方面的技术建议、支援和训练。

10. 工程连（建设保障）

该连通常隶属于工程司令部，也可配属给工兵旅或工程团使用，主要协助重型营完成建设任务。该连通常不单独执行建设任务，可履行如下职能：

①为岩石粉碎、沥青混合、铺路、设施和机场建设等提供工程保障；

②为从事建筑项目的工程旅或工程团提供如下保障：

为两班次提供 75 吨/每小时的岩石粉碎；

为两班次提供 75 吨/每小时的岩石粉碎与冲洗；

为一班次提供 150 吨/每小时的沥青铺路；

对建设装备、建设合同及人员实施管理。

11. 工程装卸卡车连

该连通常隶属于工程旅或工程团，可为其他工程单位装卸运送散装材料；提供 600 吨散装材料的运输保障。

12. 工程管线建设连

该连通常隶属于工程司令部，也可配属给工兵旅或工程团使用，主要协助战斗重型营完成赋予的管线保障任务。该连通常不单独执行建筑任务，可提供管线系统建造和维护，恢复技术员人员和特殊装备；为管线、抽水站、储存罐、分发设施等的建设提供技术保障；提供管线建设所需的专用工具、装备和人员；拥有在未经改造的道路上运送 21000 英尺 6 英寸管、16200 英尺 8 英寸管、9000 英尺 12 英寸管的能力；建造和修复管线系统。

13. 工程港口连

该连通常隶属于工程司令部，也可配属给工兵旅或工程团使用，主要支援战斗重型营完成港口建设保障任务。该连通常不单独执行建设任务，可为建设、恢复、维修港口设施提供特殊工程保障；建造、修复和维修水面设施，包括停泊系统、防波堤、码头和其它工程设施；建造、修复和维修码头、墩、斜坡等工程设施；建造各类集装箱处理设施；维修油轮装卸设施，包括维修和更换石油、油料、润滑剂、码头和海底管线等；提供有限的水下障碍物清除作业能力；当缺乏海军工程保障力量时，安装离岸油料配给系统。

14. 工程连（多功能桥）

该连通常按任务需要为军、师工程营或战斗工程团提供架桥保障，可为各种标准的美国桥梁系统提供运输、装配、拆分、重组和维修人员与装备保障，主要担负：架设中间架固定桥，拥有4套可以架设不同跨度、不同荷载等级的架桥装置。正常情况下，每套装置可以架设4个31.1米、60等级的桥梁或2个49.4米、60等级的桥梁；利用带状桥构架浮桥；为货物装卸系统提供运输保障。

15. 工程架桥连（嵌板桥）

该连通常隶属于军，也可以配属给工兵旅或工程团使用，可为架桥提供运输、装配、拆分、重组和维修人员与装备保障；紧急情况下为减小桥梁荷载提供运输与装卸保障；为架构不同跨度、不同荷载等级的桥梁提供嵌板桥装置和线缆加固装置。这些装置包括2个24.4米成对构架、无加固装置的单边桥（50级轮式，60级纤拉）和1个58.5米成对构架、无加固装置的单边桥（50级轮式/60级纤拉）。此外，还有100米以上跨度的架桥装置；为其他架桥建设工程单位提供技术监督；利用建制力量在紧急情况下架设桥梁；为运送土石方提供5吨倾倒卡车保障，并为常规工程保障任务提供150吨单程的运输保障能力。

16. 工程架桥连（中间梁桥）

该连通常隶属于军，也可以配属给工兵旅或工程团使用。当任务赋予工程司令部时，架桥连通常配属给工兵团以提升战术架桥保障能力，可为架桥提供运输、装配、拆分、重组和维修人员与装备保障；紧急情况下为减小桥梁荷载提供运输与装卸保障；提供4套可以架设不同跨度、不同荷载等级的单边和双边桥梁的装置。正常情况下，每套装置包括4个31.5米、60等级的桥梁或2个49.6米、60等级的带加固工具箱桥梁装置；为2个桥梁同时架构提供人员和装备保障；为运送土石方提供 5 吨倾倒卡车保障，并为常规工程保障任务提供 150 吨单程的运输保障能力；为嵌板桥装备的装卸、运输提供人员保障。

17. 工程连（浮桥）

该连通常隶属于军，也可以配属给工兵旅或工程团使用，可为架设攻击浮桥提供运输、装配、拆分、重组和维修人员与装备保障；紧急情况下的运输装卸保障；可以架设达 3 英尺／秒水速 213 米 1 个 76 级（轮式）、75 级（纤拉）浮桥或 6 个 213 米 76 级（轮式）、75 级（纤拉）筏；提供非战术性架桥保障；高速公路运输能力达 560 吨，未经改造的道路运输能力可达 180 吨。

18. 工程连（作战保障装备）

该连通常隶属于工程司令部，也可配属给工兵旅或工程团使用。当隶属于工程司令部时，主要支援联合作战区域战斗重型工程营完成工程任务，如机场、后勤基地和主要保障线路的维护等。可在军、师范围内提供作战工程保障，如机动、反机动、生存和常规工程保障等；为建造、修复、维修、修建登陆场、机场、主要保障线路、指挥所和通信线路提供工程装备保障；为师属工程营提供建筑装备保障；提供翻斗式卡车装备。

19. 工程连（轻装备）（空降）

该连通常隶属于军或其他战术司令部,也可以配属给工兵旅、工程团、工程营使用，可增强轻型作战部队的工程保障能力；为空运、空中攻击和空中机动提供大型挖土或运输保障；提供 45 吨翻斗车保障能力；可降落或空运到需要保障的地方。

20. 工程连（轻装备）（空中攻击）

该连通常隶属于军或其他战术司令部,也可以配属给工兵旅、工程团、工程营使用，可增强轻型作战部队的工程保障能力；为空运、空中攻击和空中机动提供大型挖土或运输保障；提供 50 立方码或 45 吨翻斗车保障能力。

21. 司令部特遣分队（工程营）

该特遣分队通常隶属于军或军以上单位的工兵旅或工程团，可为从事工程保障任务的工程部队的工作段（面）提供指挥、控制和行政管理支持；可指挥和控制 3～7 个工程连或工程队履行工程保障任务。

22. 工程队（公共事业保障）

通常隶属于工兵旅或工程团，也可以编组在工程综合服务单位，可提供有限特殊工程建设保障；在木工、石工、电工、钳工、道路维护与修复方面提供有限的设施工程保障。

23. 工程队（消防指挥）

该队可以管控 3～7 个消防队，其主要职责是提供指挥与控制；编制设施防火计划；检查火灾预防；进行火灾调查与研究；构建司令部、军警、机场和消防队之间的通信网络；指挥消防队灭火作业；检查和维护固定设施的火灾预防系统；协调与调控作战消防资源。

24. 工程队（防火）

提供火灾预防，实施有害材料事故应急反应保障，并贯彻落实火灾预防措施，具体职能是进行设施、机场的火灾预防检查；对消防行动实施指挥与控制；应急医疗援助；对有害材料事故的应急反应；组织消防训练。

25. 工程队（水输送）

水输送队隶属于消防队，其主要职责是为作战提供供水保障；水供应源勘测；应急供水保障。

26. 工程队（采石）

通常隶属或附属于某一固定的部队组织，也可能被编组到工程综合单位，可提供岩石粉碎保障，增强工程团在执行道路、库房、机场等工程建设任务中的能力；为 150 吨/小时的粉碎车间提供不间断的人员和装备保障，并为用户提供相关产品；提供 80

吨/小时的单程运输保障能力。

27. 工程队（水井钻探）

通常隶属于工程营，可为钻探和开发水井提供人员和装备保障，拥有两套钻探直径为 5.875 英尺、深 600 英尺的建制装备，此外还拥有深达 1500 英尺[①]的钻探工具包。

28. 工程重型潜水组

通常隶属于陆军保障分队或配属给工程司令部，在港口、海港和沿海区域履行保障职能，可建造港口设施和联合部队越岸后勤行动所需结构，布设漂浮障碍物；码头、桥墩、防波堤、海堤的修复；水下障碍清除与航路标记；水下障碍物和水雷的布设与排除；水下建筑的维修；沉没材料和船只清理；陆军舰船的维修；水下离岸石油和水分发系统的安装与维修；保护地面部队、舰船和水下建筑免受水下威胁，并尽可能降低水下建筑损坏。

29. 工程轻型潜水队

通常隶属于军或配属给工兵旅或工兵团，可实施近岸或远岸横渡勘察，部队横渡、登陆场、河堤等的标记与准备；水下障碍物和水雷的布设与排除；水下建筑物的维修；水下地形数据的收集；受损桥梁、大坝、船闸、管线、运河、防波堤的修复；水下建筑物、障碍物、漂浮障碍物等的构筑；水下武器系统的修复；保护地面部队、渡河装备和水下建筑物免受水下威胁，并实施水下隐真示假工程作业；标记内陆航路。

30. 工程队（房地产）

通常隶属或配属于工程司令部，也可编组在综合工程单位，可实施军用房地产的准备、获取与事件处理，登录和清查房地产。

31. 设施工程队

担负特殊保障任务的预备役，在应付突发事件或紧急情况时

---

① 以上为原文直译单位，非国际通用物理单位。

动员使用。一个设施保障大队编配 3 个或更多的设施工程队，具有较强的设施工程保障能力。工程设施保障大队可完成设施工程队的相同任务，可管理工程保障资源，完成计划编制和任务分配；识别、区分和管理相关工作；完成工程设施建设项目；组织房地产保障；负责住宅与空余房地产使用管理；作战区域内的环境管理和预防项目管理；拥有有限的设计能力，包括制图和建筑项目预算能力；评估建筑师和工程师的设计是否达到标准，是否满足任务需要；管理、维护和维修公共服务设施；检查工程项目是否符合质量标准；管理军事基地，包括卫生设施和垃圾处理设施。

32. 工程营（测绘）

通常隶属于工程司令部或陆军保障分部，可指挥、控制并保障作战区域的测绘单位；在作战区域内提供测绘工程保障；收集、分析、管理、发布测绘信息；维护测绘数据库；地图资料的升级换代；提供地形分析及相关产品；收集、区分和协调作战区域范围内的测绘需求；完成地形测量，并负责提供作战区域范围内的测绘基础信息；储存和配置特殊测绘产品；为作战区域内的各单位提供测绘技术保障；负责与盟国测绘单位联络；依托地图分发平台绘制相关地图。

33. 工程连（测绘）

通常隶属于陆军保障分部，可为军以上单位提供测绘工程保障；地图编辑；现有地图和测绘数据修订；印制专用地图及其他测绘产品；复制单色或多色地图及其他测绘产品；提供数据分析、地形测量并为军以上单位提供测量信息；储存和分发专用测绘资料；提供测量信息系统，并管理数据库。

34. 工程连（测绘）（军）

通常隶属于陆军保障分部测绘工程营，可为军提供测绘工程保障；编辑照相地图等；现有地图和测绘数据修订；印制专用地图及其他测绘产品；复制单色或多色地图及其他测绘产品；提供数据分析、地形测量和测量信息；提供测量信息系统；管理军以上单位数字地形数据库。

35. 工程队（测绘计划编制与控制）

隶属于陆军保障分部，可协调并完成陆军保障分部担负的测绘作战计划编制和军事地理测绘任务；为作战区域内各测绘单位明确要求，提供计划，并协调相互间的关系。

附录二 海军工程部队

1. 概要

海军修建部队，也称海军修建营，是配属海军的工程单位。其基本任务是为作战区域内的美国军事力量提供工程保障。

（1）海军修建营及其所属部队编配在两个海军修建旅里。两个旅均由现役和预备役部队组成。在行政上由海军组成部队指挥官控制。平时部署时，其行动控制权通常归战区海军组成部队指挥官所有；紧急情况下，部署海军修建营及其所属部队支援海军陆战队时，其作战控制权归战区海军陆战队组成部队指挥官。

（2）两栖修建营编配在两个海军海滩勤务大队，其指挥控制权分别归大西洋/太平洋舰队所有。与海军修建营一样，两栖修建营的作战控制权通常归战区作战指挥官所有。

（3）海军修建部队通常被用于前进基地及其后勤管线的建造、维修、维护保障，也可提供灾害控制保障与救助，同时还可参与美国民用工程项目的建设。海军修建部队可提供高效快捷的工程保障。一旦命令下达，还可作为作战部队投入使用。

（4）在可能发生突发事件的地方，海军修建部队的资源均可被快速、持续地配置，以提供应急保障。其快速的应急工程保障能力可确保指挥官对工程保障的需求。海军修建部队除包括海军修建营外，还包括海军修建旅、海军修建团、海军机动修建营、修建营分队、水下修建组、海军修建部队保障分队、两栖修建营等。

2. 海军修建旅

海军修建旅为指挥官实施作战提供保障。海军共有两个现役修建旅，旅长通常负责指挥与控制两个或多个修建团。海军修建旅通常分散部署，需要依靠其下属单位实施战术后勤保障。进行分散部署时，修建旅可执行有限的保障任务。

3. 海军修建团

海军修建团负责对下属海军部队实施指挥与控制，同时负责向海军修建旅汇报工作。各旅配有两个可部署的海军修建团和两个母港训练与后勤保障团，该团负责对海军修建部队进行人员培训，并负责履行计划编制与监督职能，此外还担负修建单位的任务管理、分配和后勤保障，后勤保障包括人员计划编制与调遣等。

4. 海军机动修建营

海军机动修建营的主要使命是为参与军事行动的海军、海军陆战队、其他军兵种以及盟友的部队提供远征前进基地的修建保障。负责兴建前进基地设施和部队宿营地；按指挥官的要求组织防御作战工程保障。此外，还提供建设、维护、维修海岸设施和后勤补给中心，应对突发事件的保障以及履行抢险救灾和灾后重建的职责。海军机动修建营具有自身生活消费品紧缺情况下持续行动 60 天的能力，并具有在核、生、化环境下执行保障任务的能力。同时，该营装备有化学污染、核辐射探测设备和单兵防护系统以及污染清除装备，能够消除污染对人员、设施和设备造成的威胁。海军机动修建营编有 1 个营部和 4 个建制修建连。根据战场需求和任务需要，该营还可抽组和编组，为不同规模的分遣队和小队执行保障任务，这些分遣队和小队具体如下。

（1）空中分遣队

空中分遣队机动速度快（48 小时内），自我保障能力强，连级规模，装备 C-130 型运输机，一次出动运送人员 89 名，空运补给品和装备 300 吨，它具有在紧急情况下和战时环境下除消费品外不需任何其他补给就能持续作战 30 天的能力,其主要任务是在应急作战早期阶段，根据作战计划和命令修复毁损工程设施和修建紧急工程项目。

（2）加强型空中分遣队

加强型空中分遣队通常配有两个排，可根据作战计划提供额外的修建与工程保障。

（3）作业分遣队

作业分遣队比连的规模略大一些，其主要任务是提供小规模和中等规模的修建与工程保障。

（4）加强型作业分遣队

加强型作业分遣队相当于两个连的规模，能按作战计划需要提供额外的修建与工程保障。

（5）限制型作业分遣队

限制性作业分遣队相当于排级单位，规模较小，仅提供小规模的修建与工程保障。

（6）交战小队

交战小队相当于班级规模，仅承担小规模特种修建项目保障任务，项目完成时限由 30 天到 120 天不等。

（7）训练小队

训练小队相当于消防小队的规模，其主要任务是承担专业培训，此外，还负责对由其他单位承揽的特种修建与工程项目实施监督。

（8）主体

主体是海军机动修建营的核心,其规模由 812 人到 250 人不等。

（9）海上预置

为对美国海军陆战队提供支援，目前美国部署了 3 个海上预置船中队，3 个海军机动修建营部队和个人装备数量表编制的装备就编配在海上预置船中队里。每个海上预置船中队配有 3 艘船。

每艘船上编配有一个部队与个人装备数量表编制的装备，以对各种规模进行部署的模块提供保障。模块可分为三种：中心模块、基本模块和重型模块。中心模块包含足够的补给品和装备，以维持250名海军机动修建营的保障人员在岸上生活，从而为海上远征分队提供保障；基本模块拥有额外的垂直保障能力，如任务需要，可补充到中心模块；重型模块拥有额外的水平保障能力，如若需要，也可补充到其他两个模块。以上三种模块便构成了整个海军机动修建营。海上预置部队的勘测、联络与侦察组以及先遣组和装卸组，不属于海军机动修建营的建制单位，它只是海上预置部队的临时性下属部队。

海上预置部队勘测、联络与侦察组。该组是一支为支援海上预置部队作战作为主要部队部署的人员分遣队，其规模视情况而定，一般由3～8名海军修建部队人员组成。

海上预置部队先遣组。海上预置部队先遣组是海军机动修建营的先遣部队，其使命是协助海上预置部队卸载和接收支援陆战队空地特遣部队作战的装备与补给品。

海上预置部队卸载组。该组必须先于海上预置部队中队4天展开，主要担负登陆装备的装卸保障任务。

5. 修建营维修分队

修建营维修分队主要担负对应急作战中机动修建营构筑的工程设施和现有前进基地海岸设施的维护与维修任务，该分队可以维护和维修供5000人住用的前进基地的水、电设施及其分发系统。此外，该分队还可以对基地战损设施、供电、供油和给排水系统进行维护与维修，也可操作和维护自动化工程装备，包括材料处理装备。该分队具备一定的在核生化环境下执行保障任务的能力，装备有单兵防护系统和化学污染与核辐射探测装备，具备消除污染对人员、设施和装备构成威胁的能力。

6. 修建营分队

修建营分队主要负责为海军舰队医院提供保障。通常情况下，部署2个修建营分队就可以为舰队医院提供必需的建筑、维修、维护和工程保障服务。舰队医院设施建成后，该分队还承担设施运转、维护、维修和安全防护等任务。该分队可在48小时内部署就位，拥有在作战地区10天内建成一座舰队的能力。当该分队配属给舰队医院时，舰队医院将为其配备单兵防护系统和少量的核探测装备。届时，该分队将拥有在核生化环境条件下执行保障任务的能力。

7. 水下修建队

水下修建队主要担负水下工程修建、维护和检修等保障任务，能够满足海军、海军陆战队以及联合部队的作战需求。该队装备有专用设备，人员受过严格训练。

（1）拥有在任何气候条件下执行水下工程保障任务的能力；进行海底勘测，为水下设施的构建选址；可携带水下呼吸和供氧装备下潜190英尺实施工程作业；码头、桥墩、管线、抛锚设施、航道和海底电缆设施的维护与检修；离岸油料装卸保障。该队配有单兵防护系统和少量的化学探测装备，可在核生化条件下实施工程保障作业。

（2）该水下修建队由三个班级规模的空中分遣队和一个排级规模的海上梯队组成。该队既可单独部署，亦可分开部署，凡空中分遣队均配有水面减压装备。海上梯队可配备用于持续作业的大型装备。水下修建队的岸上机构主要负责装备和后续后勤事宜的协调工作。

8. 海军修建部队保障分队

海军修建部队保障分队负责为海军修建团及其他海军修建部队单位提供以建设保障为核心的后勤保障，保障范围包括：

操作、检查和维修短距离与长途运输装备；

为采石和岩石粉碎作业、沥青和混凝土生产与铺设以及土壤分析和固化装备提供保障；

生产并储存水净化装备；

管理建材，包括建材的采购、接收、储备、控制、分发和运输等；

前进基地设施修建项目的规划、设计、可行性论证、评估和工程保障；

维护、监管、储备、控制和分发修建营专用保障装备。

该分队拥有在核生化环境下执行保障任务的能力，装备有单兵防护系统和化学污染与核辐射探测装备，具有消除污染对人员、设施和装备造成威胁的能力。

9. 两栖修建营

海军修建部队下辖两个两栖修建营，主要使命是为两栖部队提供越岸后勤运输与修建保障。具体任务是：

修建和管理堤道驳船渡口；组装、维护和管理提升堤道系统和两栖攻击散装油料与散装水系统；在两个水下修建小队空中分遣队的援助下，安装离岸油料分发系统；具备一定的在核生化环境下执行保障任务的能力；装备有单兵防护系统和有限的化学污染与核辐射探测装备，具备消除污染对人员、设施和装备造成威胁的能力。

附录三 空军工程部队

1. 概要

空军机动工程部队主要包括"主要力量"和"红马"两支部队，主要为军事行动提供远征土木工程及通用工程勤务保障。空军工程部队既可与空军远征部队一同部署，也可作为特遣分队独立部署，以支持特种作战任务。

2. 空军土木工程组织

"主要力量"和"红马"部队将按照部队设定的编码进行部署。部队编码将根据任务和工程需求设定。"主要力量"部队主要负责在应急作战地域提供支援保障。担负部队宿营、开进或为小规模冲突维持战斗力提供保障，同时还要担负其他主要战区作战任务的工程保障。"主要力量"部队采用模块化编组方式，可以保障1200人和1个执行远征任务的航空中队的宿营。此外，在必要的指挥、控制和通信保障下，该部队还可单独执行工程、防火、营救、核生化防护以及宿营地的构建、维护、防卫和恢复等保障任务。"主要力量"部队配有单兵防护服、手工工具和常用装备。但大多数施工装备、补给品和车辆主要由部署地提供。"红马"中队主要担负主力部队的宿营保障和大型毁损设施的修复保障任务，拥有强大的机动能力、工程保障能力和快速部署能力。该中队是独立单位，主要履行机场、基地等大型工程的建造与维护职能。

3. "主要力量"部队的能力

"主要力量"部队是空军应急机动保障的主要力量。其基本任务是为空军远征部队提供宿营、基地设施维修、维护以及基地毁损抢修保障。部队宿营通常分为三类：飞机、人员及基础设施保障。飞机保障包括提供维修间、机库、中队活动中心、弹药库、油库以及其他与保障飞行任务有关的设施；人员保障包括提供住宿、就餐设施、洗浴、厕所、办公室及其他间接保障设施；基础设施保障包括提供使用系统、固体和危险品处理、道路以及为宿营地服务的通用设施。部队驻营地包括两块：一是拥有完备设施的主要作战基地；二是除跑道、滑行道和带有水源的停机坪外别无其他设施的简易基地。

（1）部署期间主要力量部队所承担的任务

机场保障作业：道路、照明和机动飞机拦阻系统。

消防飞机失事、失火和/或救护。

油料系统的安装与保障。

爆炸物处理操作与计划。

核生化训练、侦察与作业。

部队防护与基地防卫。

快速机场跑道抢修。

远征设施维修与通用设施快速抢修。

（2）"主要力量"部队代号

4F9EA："主要力量"空军远征部队 A 队。

4 F9EB："主要力量"空军远征部队 B 队。

4F9EC："主要力量"空军远征部队 C 队。

4 F9SA：参谋机构增援组。

4F9FL：工程维持组。

4F9AP：电子生产组。

4F9DA：核生化全频谱严重威胁反应组。

4F9DB：核生化全频谱轻型威胁反应组。

4F9DC：核生化全频谱威胁反应增援组。

4F9DD：核生化全频谱战区威胁反应和/或联合特遣部队计划

与保障参谋机构。

4F9DE：核生化全频谱威胁污染控制组。

4F9DF：轻度核生化侦检系统。

4F9DG：核生化集体防护系统。

4F9DH：开放式空气污染控制区装置。

4F9DJ：全频谱威胁反应人员增援组。

4 F9DK：轻度核生化侦检组。

4F9DL：核生化集体防护装置。

4F9FJ：消防事故指挥组。

4F9FN：消防管理。

4F9FP：消防作业组。

4F9XA：爆炸物处理指挥与控制。

4F9X1：爆炸物处理领导组。

4F9X2：爆炸物处理后续组。

4 F9X3：爆炸物处理基地保障：

4F9X4：爆炸物处理增援。

4F9AC：工程维护、检查与维修组。

4F9AC：道路评估组。

"主要力量"部队自我维持"包"。

清雪组。

途中空运保障组。

爆炸物处理应急组。

高危灾难准备组。

基地装甲车修复组。

4．"红马"中队能力

（1）"红马"中队负责在主要部署部队部署前在前方地域完成主要修建任务（包括垂直的和水平的）。由于"红马"中队拥有独特的建制能力，因此，它是部署部队实施早期进入行动和联合部队实施接收、驻屯、运送和集中作战准备的主要工具和资源。"红马"中队除可提供水平（土石方运输和道路建设）和垂直（设施和通用技术——油料、结构、电力、机械和发电能力）能力外，还拥有以下专业能力：

混凝土、沥青批量生产与铺设作业；

机动飞机拦阻系统及导航辅助设备安装；

构筑野战医务室和机动诊所；

材料试验；

矿石开采和岩石粉碎；

机窝构建与设施加固；

打井与卫生系统构建；

道路、机场和停机坪修建；

简易场所与机场维修；

基地维修。

（2）"红马"机动部队拥有"主要力量"部队所不具有的自我维持能力，包括建制后勤、服务、医疗、运输、财政管理和合同能力，其装备可以通过空运、海运得到，也可通过预置储备得到，还可从东道国资源中获取。每个"红马"中队在 4 个不同地点拥有资源设施、场地开发和大型装备维修工作。机动部队类型代号如下。

4F9R-1 先遣组：可在 16 小时内完成部署，如若资产提前部署完备，则在 12 小时内即可完成部署。主要任务包括前进机场勘测、场地规划和建设规划等。该组在部署地的自持力为 5 天时间。

4F9R-2 组：该组是执行修建职能的核心，自持力较强，可在部署地自我维持 30 天。该组拥有修建任务所需的人员、技能、车辆及装备，可以在 96 小时内完成部署，而人员部署只需要 24 小时即可完成。

4F9R-3 组：可以执行场地开发，飞机跑道、滑行道和军营的建造与抢修，以及其他水平和垂直修建保障任务。该单位拥有在苛刻恶劣天气条件下执行水平和垂直建设保障的能力。可在 6 天内完成部署，人员部署只需 24 小时。

4F9R-4 组：具有建设与维修各种设备和基础设施的特殊技能，但土方工程、道路、机场的工程保障能力有限。该组同样拥有在恶劣天气条件下执行水平和垂直建设保障的能力。可在 8 天内完成部署，人员部署只需 24 小时。

4F9H-1，重装备"包"：是 4F9R-2 和 4F9R-3 的补充，提供重型土方工程保障。主要通过海上运送，必要时也可依靠 C-5 和 C-17 运送。装备包括 T-9 推土机、铲土机、4 立方码装卸装置以及滚筒。

4F9H-2：主要担负特殊修建任务。装备有自动化施工机械、大型起重机和混凝土浇筑施工器械等。

4F9H-3：钻井。装备有水井钻探设备、拖拉车辆、挖沟设备、钻孔机等。

4F9H-4：沥青铺设。可进行沥青铺设和搬运。

4F9H-5：混凝土浇筑。可进行混凝土浇筑、运输和搅拌等。

459H-6：采石。可进行岩石开采、粉碎和倾倒等。

附录四　海军陆战队工程部队

1. 概要

海军陆战队编有三支海军陆战队远征部队。每一支海军陆战队远征部队均包含司令部、地面部队、航空兵部队和作战保障部队。除司令部外，均编有基本工程保障分队。海军陆战队远征部队可以根据不同保障任务编成一些小型海军陆战队地空部队，在沿海地区和其他指定地区执行远征作业。空地特遣队的规模可大到全编制海军陆战队远征部队或一个海军陆战队远征旅，也可小到一个海军陆战队远征分队，甚至更小。海军陆战队空地特遣队通常都包含根据不同任务组织起来的基本工程保障分队。

2. 指挥机构

海军陆战队工程指挥机构及其能力如下。

（1）战斗工程营

战斗工程营旨在加强陆战师的机动保障能力，担负战斗工程保障和有限常规工程保障任务。1 个战斗工程营包含 1 个指挥与勤务连、1 个工程保障连和 4 个战斗工程连。工程保障连装备有重型建筑设备（推土机、铲车和起重机）、运输装备（倾倒卡车）和通用装备（淋浴、水净化装备和发电机）。通常情况下，战斗工程营在保障连和指挥及勤务连的增援下对步兵团提供战斗工程保障；战斗工程排在保障连和指挥及勤务连的增援下对步兵营实施战斗工程保障；战斗工程班可为 1 个步兵连提供战斗工程保障。具体确定哪种对应保障关系，要视当时情况和具体任务而定。

（2）工程保障营

工程保障营担负海军陆战队的常规工程保障任务，隶属于勤务保障大队，负责为整个海军陆战队空地特遣队提供保障。工程保障营下辖 1 个指挥与勤务连、1 个工程保障连、3 个战斗工程连、1 个架桥连（3 个工程保障营仅有 1 个）和 1 个散装油料连。工程保障连装备有中型推土机、道路平土机、铲土机、夯土机、轻型和中型起重机、轻型和中型铲车、移动式发电机、水净化装置、焊接装置、倾倒卡车等。工程保障营担负常规的工程保障任务，包括道路、远征机场构筑、宿营地的设计与建造。

（3）陆战航空保障中队

陆战航空保障中队主要担负为陆战航空大队提供全面的航空地面保障任务。陆战航空保障中队可为陆战航空大队或陆战远征旅的航空战斗支队提供保障。陆战航空保障支队可向陆战远征分队的航空战斗支队提供航空地面保障。陆战航空保障中队的保障范围包括：远征机场修建、跑道快速抢修、机动供电、水净化与储存、制冷、轻型与中型推土机等。陆战航空保障中队还编有一个散装油料分队，负责航空油料的储存与分发。此外，还担负未爆炸军火的处理、机场损坏评估和飞机紧急着陆保障任务。

（4）海军修建部队

海军修建部队可被指派为海军陆战队空地特遣队的主要下属机构，以维持海军陆战队空地特遣队的军事行动，最大限度提高海军工程保障能力。海军修建部队的保障范围包括：基地设施的构筑与维护、毁损工程设施的抢修、防卫保障和必要时的灾难控制与恢复。

3. 海军陆战队空地特遣队工兵

（1）工程部队通常对口为以下海军陆战队空地特遣队提供保障。

海军陆战队远征部队。战斗工程营、工程保障营、陆战航空保障大队和海军修建团。

海军陆战队远征旅。战斗工程营、工程保障营、陆战航空保障中队和海军机动修建营。

海军陆战队远征分队。战斗工程营的增援排、陆战航空保障中队的工程分队和工程保障营的分队，必要时还包括海军机动修建营的工程保障部队。

（2）具体采用哪种对应保障方式，视当时情况和具体任务而定。

附录五　建设合同代理人

1、概要

国防部的建设合同代理人是美陆军工程技术总队和海军设施工程司令部，或者其他被批准的机场（参见国防部命令4270.5《军事建设职责》）。这些机构和承包商构成了强大的增强部队，使得工程部队得以专注于完成高威胁地区的建设工程保障任务。美陆军工程技术总队和海军设施工程司令部也可以为联合部队提供强大的工程保障能力，是国防部工程设施规划、设计、建造和获取（租赁或购买）以及房地产获取（租赁或购买）的主要机构。他们的主要保障职能是战场前进基地的开设和基础设施的构筑。这些组织也担负专业的工程研发任务，提供工程技术保障。

（1）职责

国防部建设合同代理人的职责包括和平时期军事建设合同的计划、合同发包和合同管理。

（2）应急合同工程保障

在军事保障行动中，战区司令部也可以使用美陆军工程技术总队、海军设施工程司令部作为应急合同工程代理人，可为联合部队提供设施计划编制、合同管理和工程技术保障（如：前进基地开设计划编制、测绘工程、部队保护工程和寒冷气候条件的机动保障）。此外，空军在英国、土耳其、西班牙和以色列等国的设施与房地产获取等方面可提供有限的应急合同工程能力。

2. 美陆军工程技术总队

（1）美陆军工程技术总队职责：

军事工程设计，建设合同发包，房地产获取，技术援助保障，测绘工程保障，工程项目建设管理。

（2）机构

美陆军工程技术总队下属机构是按照地域和功能进行划分的，主要有如下3种组织机构。

①分部。分部是美陆军工程技术总队主要的下属指挥与控制机构，分部指挥官直接管理下属的地区工程事务办公室。分部是按地域划分的，提供宽泛的管理与服务职能。

②地区工程事务办公室。地区工程事务办公室是分部的下属单位，在美国本土担负繁重的建设职责。在美国，他们的边界线描绘是参照主要分水岭而定的，工作线则是按照州分界线设置的，主要担负设计、项目管理、建造、合同管理等保障职能。美陆军工程技术总队主要通过其下属机构执行战场保障职能：驻韩美军由远东地区工程事务办公室保障（韩国汉城）；驻日美军由日本地区工程事务办公室保障（日本座间军营）；太平洋司令部由檀香山地区工程事务办公室保障（夏威夷）；南方司令部由墨尔本地区工程事务办公室负责保障；欧洲司令部由欧洲地区工程事务办公室保障（威斯巴登，德国）；中央司令部由跨大西洋项目中心负责保障（温彻斯特，维吉尼亚）。

③实验室。工程研究与发展中心是美陆军工程技术总队的研发机构，其总部位于密西西比州，由8个独具特色的实验室组成：

海岸与水利实验室，维克斯贝尔吉，密西西比州；

寒区研究与工程实验室，汉洛维，新罕布什尔州；

建筑工程研究实验室，齐莱沛恩，伊利诺斯州；

地质技术实验室，维克斯贝尔吉，密西西比州；

信息技术实验室，维克斯贝尔吉，密西西比州；

结构实验室，维克斯贝尔吉，密西西比州；

环境实验室，维克斯贝尔吉，密西西比州；

测绘工程中心，亚历山大，弗吉尼亚州。

（3）军事保障

美陆军工程技术总队负责全球范围内军事设施的设计、构筑和维护保障，主要集中在军事设施设计、构筑和环境工程领域。在美陆军工程技术总队的实验室和中心内有专业性的寒区工程、遥感、部队保护设计、机场设计、武器效果、机动与反机动地形分析、测绘工程、安全系统工程、环境管理和环境工程技术储备。美陆军工程技术总队的第 249 电力保障营可提供应急供电保障，包括电力评估和供电设备安装等保障。

3. 海军设施工程司令部

（1）海军设施工程司令部及其分部直接对海军、海军陆战队和国防部在全球范围内提供军用海岸设施工程保障与建设合同保障、房地产获取和公用工程设施保障。海军设施工程司令部的工程保障分队拥有为海军与海军陆战队提供房地产获取，海岸设施工程项目管理、计划编制、工程设计、施工和维护等保障能力，也可提供后勤、工程、勤务与政策支持，还可指导海军修建部队分队执行保障任务。

（2）海军设施工程司令部的指挥与控制。海军设施工程司令部总部设在华盛顿，下属部门包括：4 个区域分部、5 个区域事务部、工程建设军官部队和海军设施工程服务中心。此外，还为 10 个区域性海军公共事务中心提供技术支援保障。

工程区域分部和工程区域事务部。工程区域分部担负责任区域的海军、海军陆战队的工程保障与管理任务。工程区域事务部担负与工程区域分部相比较小范围的类似保障任务。工程区域分部和工程区域事务部均有设计和建造保障能力，并担任设施技术顾问，在应急行动保障中担负重要角色，通过前进部署，可提供建设合同、房地产获取和海军建设合同保障职能。

工程建设军官部队。工程区域分部指挥官指派工程建设军官担任行动地区的合同官员，工程建设军官都经过设施工程保障、建筑、工程与环境规划设计、房地产获取与合同管理方面的严格培训。工程区域事务部指挥官在必要时也可指派一个常驻工程建设军官负责联合作战部队的应急保障，也可以为陆军、空军、国防部和其他联邦局提供建设管理服务。

海军设施工程服务中心。担负为执行两栖行动的海军提供专业的工程技术保障，承担工程技术研发和咨询服务，设在加利福尼亚州。

4. 海军设施工程司令部军事行动保障

海军设施工程司令部通过以下方式对全球范围的海军、海军陆战队、国防部任务和联合作战部队实施保障。

（1）部队保护

为海岸后勤保障平台建造部队保护设施，如：前进后勤保障地、保障物资接收港口和前进基地展开的装备与人员。海军设施工程司令部通过工程、修建部队、建设合同与设施管理来执行这些保障任务。

（2）战场任务

海军设施工程司令部通过房地产的获取、管理、处置和设施构造来完成对海军、海军陆战队、作战司令部和国防部其他机构的战场保障任务。海军设施工程司令部主要通过其下属的工程区域分部和工程区域事务部来执行这些保障任务。海军设施工程司令部也通过海军修建部队和指派的建设合同代理人为其他服务机构、国防部业务局提供工程技术保障及咨询服务。海军设施工程司令部可为执行应急军事行动的战区司令部及联合部队提供专业的前方分队保障，这类前方分队可以实施海军设施工程司令部任务范围内的各类保障。

下　编

美军联合作战财务管理保障顶层设计

第一章　概述

雄厚的资金和强大的军队可以确保国王的荣耀与安全。
　　　　　　　——［普鲁士］弗雷德里克·威尔海姆

一、引言

为了履行使命任务，美国武装部队需要调整作战行动，这不仅体现在使用军事力量作为主要手段之时，也体现在优先使用其他力量之时。联合部队必须时刻准备超越军事行动的范畴，与国防部和美国政府的诸多部门（如国防后勤局和联邦调查局）、盟军和联军、政府间组织（如联合国）及非政府组织（如美国红十字会）协调配合，实施作战行动。

司令官必须了解财务管理对军事行动取得成功所具有的重要意义，每项任务都需要不同的资金渠道和使用授权。此外，在使用美元或外币进行联合采购时，财务管理可以提供决策支持和资金控制。

二、财务管理的目的

财务管理为联合部队指挥官完成任务提供了两种互不相同却又相辅相成的核心功能：资源管理和财务保障（见图1-1）。资源管理涉及以下内容：向司令官提供意见和建议，提出指挥所需要的资源需求，确定资金来源渠道，确认开支费用，获取资金，分配与控制资金，跟踪开支与债务，计算开支，设立报销程序，以及建立资源管理内部控制机制等。财务保障包括：提供财务决心意见和建议，保障采购顺利进行，提供有限的薪酬保障，以及提供支付保障。

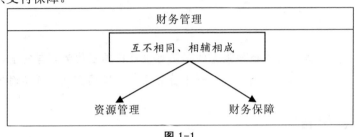

图 1-1

资源管理和财务保障将在本编第三章"资源管理"和第四章"财务保障"中分别讨论。

三、财务管理执行代理人

依据国防部第 5101.1 号《国防部执行代理人》的规定，国防部长可以任命执行代理人，该执行代理人通常为陆、海、空军部的部长。联合司令部总司令在联合作战计划或命令中对负责财务管理的执行代理人之任命应予以确认。

财务管理执行代理人通常会向多军种合同开支、联合部队作战开支、特殊项目开支、联合部队指挥官作战开支以及其他指定的保障开支提供资金保障。国防部各部门向部队的预先部署、部署实施、各阶段作战行动、维持作战行动、重新部署、重新组建以及军事人员的开支提供资金保障。在制订联合作战计划过程中，依据司令官指令，联合部队指挥官应该明确，财务管理执行代理人需为哪些开支提供资金，以及各军兵种需要为哪些开支提供资金。按照国防部的要求，对于保障诸如联军和非政府组织之类其他组织而需提供的费用，应设立单独的开支账户来计算。

四、管理职责

国防部负责管理保卫国家所需的重要资源（资金、人员、物资、土地和设施）。所有可用资源应该以尽可能最有效的方式使用。

五、联合财务管理的目标

设定联合财务管理的目标在于，便于统一行动和慎重使用资源。下面将讨论四个确保任务完成的联合财务管理目标。

1. 按照相关指令和协议，使用适当的资金渠道和授权，尽可能迅速有效地提供完成任务所必需的资金。

2. 减少因资金不足对备战产生的不利影响。

财务管理者可以通过某些手段达成此目的，例如寻求备用资金渠道，提供精确开支预算以帮助军种拨款按时足额到位。

3. 确保财年完整性，避免违反《反短缺法》。

财年完整性与可能违反《反短缺法》是联合作战中的法律问题。随着第三、第四季度大量突发事件的发生，这些问题更为突出。要防止违反《反短缺法》，必须对拨款采取基本的财务审计。审计时应遵守以下基本财务规定：

①债务和开支费用只能通过授权人，经过适当授权（如行政命令）产生；

②债务只能在拨款确定后产生；

③债务只能在拨款确定的目的、时间和数额范围内产生。

4. 确保财务管理计划详细具体，协调军种与作战司令部的行动，持续提供资源。

联合作战环境下的行动一般包括不同部队、不同部门、不同政府和不同国家之间在各个领域的合作与配合。

六、联合财务管理的原则

1. 概述

为有效保障联合作战，财务管理必须积极主动地寻找安全稳定的资金渠道，以满足作战需求。以下讨论的原则建立在完美的理念与作战实践基础之上，这些原则的运用有助于生成先进的财务管理理念。

2. 财务管理原则

（1）将国防部各部门的财务管理职责与司令官的作战需求有机结合起来，如图 1-2 所示。接受保障的司令官可通过联合部队指挥官、军种部队指挥官或职能部队指挥官实施联合作战。然而，保障联合作战的资金是通过军种部、美国特种作战司令部或国防部来流通的。联合财务管理者必须了解这种运行机制，将财务管理职责与联合作战有机结合起来。

（2）为保障联合作战提供连贯一致的财务管理指导，内容包括：参与参谋评估过程，在作战计划中制定附录 3（财务与支出）和附件 E（人员）（参考本编附录三相关内容，后同）的规定，以及必要时开展联合作战地区经济状况分析。

（3）确保对联合部队人员财务保障的连贯性。国防部与各军种的财务管理者应加强协调，确保向所有联合部队成员提供持续的财务保障，包括发放军饷和提供服务，建立金融与货币保障，支付差旅费以及为保障采购提供现金支付等。

（4）确保高效利用有限资源。在对资源进行排序和分配时，在不影响完成任务的前提下，司令官必须最充分有效地利用资源。

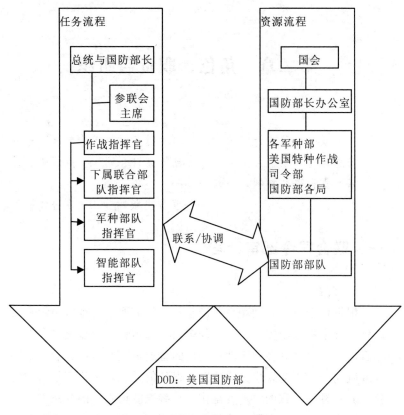

图 1-2 国防部任务与资源流程

第二章　角色、职责与组织

联合部队审计官的资源管理和财务保障工作为联合司令部总司令提供多种必要能力，包括签订合同、金融保障、计算开支和资金控制。

——联合出版物 3-0《联合作战》

一、联合司令部审计官

1. 角色

根据便于统一行动和完成指定任务的需要，司令官组织参谋队伍，分配各自职责。因此，联合司令部审计官可以是主要参谋军官，也可以是联合参谋部后勤部的普通参谋军官，或者是参谋长或副司令辖下的人事处或特别参谋处的处长。无论担任何种角色，其目标是一致的，那就是作为与参谋队伍唯一的联系人，向司令官提供财务管理需求监督，并担任与下级指挥官联系的联络官。

2. 职责

（1）担任司令官在财务管理问题上的主要顾问。

（2）与联合参谋部协调，支持各级指挥官的审计官和美国政府机构，确保其按时接收财务管理指令和规定。

（3）提供资金使用指导，必要时与联合参谋部和国防部长协调，指定一名执行代理人，负责财务管理事宜。

（4）准备参谋和评估作战计划中的附录 3（财务与支出）和

附件 E（人员）的内容。

（5）启用联合特遣部队后，应尽快向联合特遣部队审计官移交职责，向联合特遣部队审计官通报最新的资金动向、财务保障情况以及与任务相关的其他需求。

（6）与受到保障及参与保障的美国政府机构协调，颁布适当的报销程序。

（7）与联合司令部后勤部长及军种部队指挥官协调，确保财务分队尽早部署到作战区域。

二、联合特遣部队审计官

1. 角色

联合出版物 3-33《联合特遣部队指挥官条例》规定：联合特遣部队审计官通常为联合特遣部队指挥官本人或特殊参谋团队的成员。联合特遣部队审计官与司令官的审计官一起，必须尽早参与联合作战方案的制订，以明确财务保障的职责。各部队指挥官负责提供资源，而联合特遣部队审计官则负责联合特遣部队范围内的资源管理与财务保障政策的制定与实施。联合特遣部队指挥官可以指定分队指挥官的审计官或财务参谋军官兼任联合特遣部队审计官。

2. 职责

（1）担任联合特遣部队指挥官在联合特遣部队财务管理问题上的主要顾问。

（2）准备作战方案或命令中的附录 3（财务与支出）和附件 E（人员）的内容。

（3）确定联合特遣部队财务管理职责。根据联合特遣部队各分队的任务和地理位置，联合特遣部队审计官可以协调指定一名或多名主要代理人，负责具体财务管理或某一具体地域的财务管理，以满足特殊的财务保障需求。

（4）视情况审查联合作战的预计开支和实际开支，提出解决两者之间差别的建议。

（5）建立内部管控机制，确保有效合理地使用资源。

（6）通过联合特遣部队人力和人事部长与联合司令部总司令的人事部长，协调联合特遣部队的工资和津贴政策，包括联合司令部总司令决定任用的联合特遣部队临时岗位人员的工资和津贴政策。

（7）与联合特遣部队后勤处协调后勤与签订合同方面的需求，以补充财务管理职责。根据需要参加联合特遣部队后勤处计划制订团队。与联合特遣部队后勤处和总监察长协调，建立合理体系，确保采购项目账目清晰、处置得当，防止欺诈、浪费和滥用职权。

（8）与其他联合特遣部队参谋人员就财务管理需求问题进行协调，就履行财务管理职责对其实施指导。

（9）确定资金来源及债务权限，审查涉及财务保障的有关协议。

（10）收到指令时，负责统计对盟国或其他国家实施保障的费用，包括依据采购与交叉维修协议进行以物换物交易时确定交换物资的价值。

（11）与负责签订合同的官员协调，核实是否有足够资金满足当地签订合同需求，确定合同支付方面的要求。

（12）与支援联合特遣部队指挥官的军种组成部队协调，确保财务人员尽早部署到联合作战区域。其原因是，部署部队无法从美国政府其他渠道马上获得所需保障时，迫切需要签订合同加以解决。

（13）必要时，按照《国防部财务管理条例》第5卷"拨款政策与程序"7000.14-R，协调指定一个有限存款账户。

3. 组织与职能

（1）组织。图 2-1 描绘了典型的联合特遣部队审计官组织机构。机构组成由联合特遣部队的编制及战斗类型决定。

（2）职能。联合特遣部队审计官的组织机构具体职能如下。

①财务管理政策科

A．参与参谋评估过程，在联合作战计划中制定附录 3（财务与支出）和附件 E（人员）的规定；

B．获取并阐释经济分析资料；

C．制定财务管理程序，实施监督和定期审查，确保没有违反《美国法典》第 31 章第 1517 节或第 1301 节的情况发生；

D．就会计事宜与国防财务会计局及军种组成部队进行联络；

E．实施财务管理援助与检查；

F．建立健全内部管控机制，并对此进行年度报告。

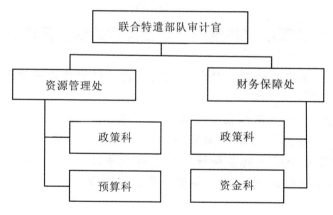

图 2-1 联合特遣部队审计官组织机构

②财务管理预算科

A．鉴别资金渠道；

B．根据需要动用资金处理权，确定开支数额，获取资金，分配及控制资金，跟踪花费与债务，以及计算开销等。

③财务政策科

A．与联合特遣部队的人事部门协调津贴政策；

B．协调、建立联合特遣部队资金安全事宜和支付政策，并提供相应指导；

C．与联合特遣部队后勤部门、合同签订单位以及其他负责资源分配的参谋主管协调当地采购资金保障事宜；

D．获取并阐释经济分析资料。

④财务资金保障科

A．协调东道国银行保障；

B．用所需货币为采购提供资金保障；

C．各部队联络官和国防财务会计局代表可协助联合特遣部队审计官开展工作。

三、联合部队军种组成部队指挥官的财务管理职责

1．获取、管理、分配和控制资金，对资金使用情况实施监督。

2．进行费用评估，呈报预算理由。

3．按要求对费用和债务实施全程管理，并通过适当途径每月向国防财务会计局报告有关情况。

4．报账时向国防财务会计局提供账单。

四、国防部财务管理职责

1．联合作战涉及庞大的审计与资源管理机构。

就人员而言，包括联合部队自身的财务管理人员，也包括各地支援联合作战行动的财务管理人员。

2．《国防部内部财务管理职责》明确了参与军事行动财务管理计划与实施的主要国防部机构及其职责。

第三章 资源管理

如今，从某种意义上讲，战争艺术完全仰仗于金钱。能够
筹集资金解决军队粮饷的国王，即使其军队并非十分英勇顽
强，也一定会征服别国，取得成功。

——查尔斯达夫南（《战争供应的方式方法》，1695年）

一、概述

资源管理，是指分析指挥官的任务及其优先次序，寻找财务
资源，并确保对其实施有效管控，从而帮助指挥官取得胜利。为
此，资源管理者应尽早介入资源管理的计划制订。联合作战的范
围和持续时间差异很大，资源管理必须灵活应变，以满足不断变
化的战场需求。联合特遣部队审计官和分队资源管理者，可能会
向某些上级资金主管部门报告资金的来源、分配、控制和执行情
况，但主要还是出现在军种部队指挥官层面。作为高级资源管理
者，联合特遣部队审计官既是联合特遣部队指挥官，也是在参谋
评估阶段确定如何最佳分配资源的顾问。按照具体任务的复杂程
度和预期完成时限，联合特遣部队审计官资源管理职责包括：指
导、协调对作战行动计划实施的财务分析；确保作战实施阶段资
金的有效利用；与联合特遣部队后勤处、负责签订合同人员、法
律顾问及国防财会局保持密切的协调关系。此外，联合特遣部队
审计官还参与各种评估活动，评估资源管理的有效性，提出改进
意见，并总结经验，以便将来使用。好的经验和应吸取的教训应

该上报美国联合部队指挥官作战分析中心，供参考和下发部队。

资源管理职责的履行贯穿于军事行动的全过程。

二、资源管理基本要素

1. 概述

每一次作战行动都有与执行该行动紧密关联的独特的资源管理要素，这些要素主要有：向司令官提供财务意见和建议，提出司令部资源需求，寻找资金来源，确定费用数额，获取资金，分配和控制资金，跟踪费用和债务，计算费用，规范报销，以及建立内部管控机制等。

2. 向司令官提供资源管理的意见和建议

经国防部长授权，联合司令部总司令向下属指挥官发布财务保障指令。与此相应，联合特遣部队审计官就有效使用可用资源及执行代理人的职责问题担任联合特遣部队指挥官的顾问。财务管理者应该尽早积极参与联合作战方案的制订，具体来说，就是加入联合作战方案小组，以便贯彻落实财务管理工作。

3. 提出司令部资源需求

一般情况下，预算估计、实际预算和财务方案均不包括保障计划外突发战斗所需的费用。除非跟别国政府或政府间组织有报销协议，否则资金只能来自现有的拨款和权力部门。因此，每名指挥官均有必要从一开始就从现有资金中抽取一部分，以确保突发战斗所需。军种部队指挥官资源管理者有责任确保向所有参战部队提供资金支持，统计追加经费和总费用，并将费用统计结果向国防财会局报告。为满足重新规划和追加资金的需求，军种组成部队指挥官资源管理者必须预测未来费用，统计现有费用，及时向国防财会局报告。

司令部提出资源需求时，相应的参谋部门须对现有协议进行仔细研究。司令部资源需求应充分体现后勤保障的理念，这点很重要。资源需求涵盖但不限于以下内容：签订合同，交通运输，多国支援保障，保障各相关机构及政府间组织、外国人道主义援助及支援部队等。

东道国保障是重要的力量倍增器。无论何时，都应考虑用可以得到的东道国保障来替代从美国部署后勤力量实施保障。东道国保障协议应授权联合司令部总司令直接与东道国协调，以寻求资金支持和物资采购，以及使用当地的设施与不动产。在根据东道国协议确定具体保障需求时，必须有法律顾问介入。谈判权必须经过联合司令部总司令、联合参谋部、国防部和国务院批准。

一旦确定作战行动，即开始准备拟定作战方案或命令，联合特遣部队审计官将资源管理政策及指导写入作战计划中的附录 3（财务与支出）和附件 E（人员）中。

上述附录应明确由哪个部门向作战的特别阶段提供资金，同时还应充分反映后勤保障需求。

4. 寻求资金渠道

联合作战的资金保障可谓困难重重，因为资金需求样式多，资金来源渠道广，以及权力部门多。为适应财政法律设定的限制条件，需要使用多个资金渠道（如国防部、国务院、联合国）。联合特遣部队审计官在做出决定时，应与法律顾问密切协商，确保不违反《美国法典》第 31 章第 1301 节的规定。该节规定划拨资金应在划拨用途范围内使用。

资源管理者还须明确，在拨款前可采取非常措施，或实施借款，或在紧急情况下动用资金。资源管理者只有搞清楚资金筹措渠道及权利范围，才可在法律容许范围内增加可用资金的选择范围。如果保障联合作战的某项资金渠道不畅，军种组成部队指挥官应寻求增加资金授权，重新计划并补充划拨资金，尽量将因此对部队备战产生的不利影响降至最低。

5. 确定费用数额

对于预期的联合作战，国防部副部长（审计官）应在部队部署之前或初期与联合参谋部、各军种、美国特战司令部及国防部相关部门合作，初步估算所需费用。如果国防部要追加费用或重新计划，应不超出各军种、美国特战司令部及国防部相关部门所做的费用预算水平。根据需要，资源管理者应遵守《国防部财务管理条例》第2卷《预算形成与呈报》中的政策规定。该规定主要涉及增加人员的费用估算，以及与其他国家及北约成员国之间的后勤支援等内容。

准备费用预估涉及对很多因素进行推算，如联合作战的持续时间、后勤保障、兵力规模、作战环境、交通运输以及特殊工资、津贴等。一般来说，进行推算和估计费用时须考虑全部任务因素、敌情、地形、天气、投入兵力及支援、时间以及民事因素等。有历史经验可供借鉴时，可参考过去的标准预估经费；无标准时，视情况做出相应判断。这一过程需要各个参谋部门提供数据支持。

图 3-1 描绘了确定联合作战经费数额的程序。各军种使用国防部副部长（审计官）下发的"突发经费报告"格式向国防财会局和国防部报告联合作战追加经费的总额。《国防部财务管理条例》第12卷《特别账户、资金及项目》第23章对如何填写突发经费报告做出了说明。

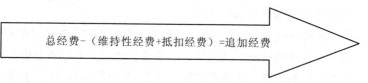

总经费-（维持性经费+抵扣经费）=追加经费

图 3-1　确定联合作战经费

估算经费时，术语使用不当（如追加经费与抵扣经费概念混淆）会影响经费估算的准确性。在决定经费时必须确保对这些术语的正确理解与运用。以下是对容易产生歧义的术语的定义。

1. 维持性经费是指划拨用于维持作战、装备维护和军事人员消费所需的年度军事行动经费。维持性经费属于计划内经费，不受突发战斗发生与否的影响（如计划飞行时数、航行天数、训练天数和演习）。

2. 有些情况下，由于战斗突发，已经拨款的经费项目并未发生，如，军事人员基本生活津贴没有支付，计划中的训练并未如期进行，以及基地作战支援没有展开等。因此，上报的追加经费应将这些经费扣除。

3. 追加经费是指拨款以外的额外经费，只用于突发战斗时（见图 3-2）。国防部应向国会上报突发战斗急需的追加经费。追加经费实例如下：

（1）军人补贴，如从事高风险工作补贴费、家庭分居补贴费，以及其他除正常工资以外的补贴费；

（2）因联合作战引起的地理区域改变而增加的补贴（如海外住房补贴）；

（3）现役军人的差旅费及出差补助；

（4）征召预备役部队加入现役，支援联合作战所需的动员经费；

（5）国防部固定文职人员保障联合作战所需的加班费、差旅费及出差补助；

（6）国防部保障联合作战临时聘请或雇用的文职人员的工资、差旅费及出差补助；

（7）运送人员、物资、装备和器材到达作战区域或集结地的运输费用，包括港口收费，打包、装箱、搬运费，第一、第二目的地收费，以及其他相关费用（美国运输司令部司令接到命令负责运输非美国的装备或人员时除外），在此情况下，陆军将向军事地面部署及分配司令部支付费用，海军向军事海运司令部支付费用，空军向空中机动司令部支付费用；

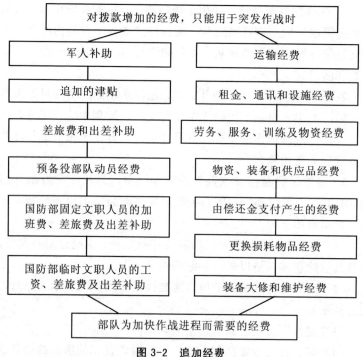

图 3-2　追加经费

（8）租金、通讯和联合作战附属设施耗损所需的费用（如使用电话、电脑和卫星所需的费用）；

（9）为达到联合作战目的而签订合同以获得劳务、服务、训练及物资所需的费用；

（10）为直接支援联合作战而从常规仓库获取的物资、装备和供应物品所需的费用。仓库中的物资、装备和供应品按照保障国防部活动的标准价格定价。消耗品属于此类，如战地食品供给、医疗器材、办公用品、化学用品、油料以及其他使用寿命在一年以内的消耗品。确定为国防部盈余的物资、装备和供应品可移交盈余财产处理部门，无需拨款处理，但打包、装箱、搬运和运输的费用应计入追加经费中；

（11）由信托资金、流动资金或其他要求偿还的资金支付而产生的经费；

（12）更换由保障联合作战而损耗的物品所需的经费；

（13）因保障联合作战而增加的装备大修和维护经费；

（14）部队为加快作战进程而需增加的经费，如增加美国海军的蒸汽动力所需的经费。

6. 获取资金

一旦确定了资金渠道和授权，军种部队资源管理者可要求行使各种资金权力。很多情况下，联合部队指挥官通过正常程序无法获得突发战斗所需的供应和服务，例如，支援外国人道主义援助所需的交通运输费用和类似紧急人道主义救援和重建的特殊具体任务所需的费用。这种情况下，部队资源管理者可通过适当渠道寻求单独经费授权。

7. 分配与控制资金

资金的分配与控制通常由军种负责，按照美国法规和政策规定的程序实施。充分有效的资金控制对于财务管理的实施至关重要。

8. 跟踪费用与债务

接到紧急联合作战通知后，国防部所有参战部队都要规定经费计算与汇报的特别任务代码。该代码应与参联会主席为突发战斗下发的经费项目代码一致。

9. 经费计算程序

资源管理者应建立报告程序，供下级单位报告预算实际开销、债务、偿还费用以及估算未来经费之用途。报告程序应简便易行，以保证任何情况下都能准确报告，但必须遵守国防部有关报告要求的规定。在满足以下三个条件的情况下，部队指挥官才能接收保障突发战斗下拨的款项：第一，确定并计算账目中的维持性经费和追加经费时要符合规定的程序；第二，记账时使用特别项目账户代码、物件分类代码和顾客代码；第三，使用与指定的国防财会局中央报账系统兼容的自动账户系统，或提供一套生成手动账单的方法。资源管理者使用现有的财务会计系统和程序计算费用。费用报告按要求每月汇总一次，通过适当渠道呈报国防财会局。

突发战斗费用报告对于监督保障突发战斗及其实现相关目的的资金是否充裕十分重要。报告有助于国防部监督保障突发战斗所需的资源，确定动用此前划拨的作战与维护费来保障突发战斗对战备带来的影响，帮助国防部形成补充拨款需求，回应国会及公众对突发战斗费用的问询，促进国会对经费使用的监督，评估突发战斗对国防部经费计划造成的影响。

向国会报告划拨与非划拨资金使用的情况，对执行代理人行使管理公共资源的职责至关重要。部队部署前，军事行动就需要大量的财务保障工作，财务工作的质量主要取决于能否及时收到准确的财务数据，会计保障水平高低取决于作战规模和复杂程度。为有效计算作战经费，财务与资源管理人员必须通力合作。

10. 规范报销程序

（1）向政府间组织、东道国、外国、非政府组织以及美国政府其他部门与机构提供保障时，发生的费用可以报销。提供以上保障必须经过法律授权。在作战过程中，应认真考虑资金筹集、支出监管权限、坚持会计责任、费用跟踪等问题，并记录从东道国、政府间组织、其他国家或美国政府其他部门、机构获得的保障以及向其提供的保障情况。这对确定作战所需详细费用以及保证各级报销过程的顺利实施很有必要。国会需要详细的突发战斗计划经费和实际开销报告，详细精准的费用报告有助于确定如何对费用进行分配和立账。财务管理者应依据《国防部财务管理条例》11A 和 11B 卷《准予报销的作战行动及报销政策与程序》（见图 3-3）来计算费用，提交符合要求的报告和详细账单。

图 3-3 准予报销的组织

（2）联合司令部总司令或联合部队指挥官订立保障协议后，联合特遣部队审计官应清楚可以获得部队和机构的哪些援助。如果有现成协议，联合特遣部队审计官应通过法律专家的协助，研读协议，了解其程序和保障内容；如果没有现成协议，联合特遣部队审计官应与联合特遣部队后勤处以及参谋评判律师核准，寻求需要的保障。

（3）依据《外国援助法》和美国其他法律的规定以及报账组织的要求，只向美国政府部门和机构、政府间组织或外国政府呈报报账凭据。部队指挥官提供的报账信息应包括协议要求的所有材料。对于由美国政府其他部门或机构、外国政府、非政府组织或政府间组织报销的费用，联合特遣部队审计官可以提供具体指导。考虑到报销费用使用上的法律限制，为确保报销款项及时返还联合部队，国防部各部门应严格遵守突发战斗报账程序。

①非战斗人员撤离行动。按照国务院和国防部协议备忘录，执行非战斗人员撤离行动的报销程序。联系国防部副部长（审计官）或军种审计官来索取现行的备忘录。

②联合国报销程序。联合国军事行动的报销共分四种类型：联合国确定的费用、附带发票的费用、协助函费用（LOA）和租赁费用。

A．联合国确定的费用。此类费用的报销由国防部一级负责。联合司令部总司令应保证向联合国战地司令部报告准确人数，并在报给国防财会局的费用月报中注明人数，此人数是计算报销数额的基础。

B．附带发票的费用。资源管理者在费用报告的基础上准备附带发票费用的报销申请。资源管理者应保证费用报告中的金额有经得起审计的单据来证实。多数情况下，只有增加的数额才能向联合国报账。

C．协助函费用。协助函授权一国政府向维和行动提供物品和服务，费用由联合国报销。协助函费用的报销需要使用"划拨与资金转移凭证"（标准表格1080）。资源管理者应将提供的物品与服务的标准表格1080凭证准备好，并注上协助函编号，所有的协助函递交防务安全合作局来实施并履行报账手续。递交凭证时要附上充分详细的单据和联合国收据记录，并通过司令部向联合国递交。授权核准资金的联合国官员应对凭证加以验证，之后才能送交美国财务部门进行报销。这种验证会使纽约联合国总部的报账过程便捷顺利。及时上报合格的凭证对于确保资金快速报销返还非常重要。标准表格1080同佐证单据以及经过核实的突发战斗费用报告应一起递交国防财会局。所有凭证必须提供足够的单据来证明其真实可信，以便核准。国防财会局核实所交凭证的协助函编号及内容，单独附上结论，将凭证递交美国联合国任务部，进而转交联合国。联合国不接受超过联合国协助函上限的账单。

如果费用超过联合国协助函上限，联合特遣部队审计官必须通知防务安全合作局，由其与联合国协商，对协助函进行修正或更改以增加经费数额。

D．租赁费用。对主要成品及相关对外军售的保障由防务安全合作局负责。租赁国防部设备应遵守《武器出口控制法》，按照国防部5105.38-M《安全援助管理手册》第12章规定的程序实施。

③北约报销程序

A．北约司令部有时需要其成员国提供专门的后勤保障，这种保障如果写入任务需求书，一般视为不予报销的范畴（如提供医疗服务）。其他情况下，北约司令部以报销方式申请消耗品或其他保障（如油料），此类申请（如军事设备）必须来自北约司令部，并且附有北约司令部财务负责人答应报销的预先承诺。此类费用的发票提交北约司令部，由北约司令部财务负责人报销。此外，应向国防财会局呈报标准表格1080，并附上详细单据和经过验证的突发战斗费用报告，以支持报销申请。

B．与盟国的保障安排。北约条令规定，后勤保障由各国自行负责，但也要尽可能追求效率。盟国其他军队需要的后勤保障可以由多种不同方式提供。为使此类保障有书面文件证明，有必要建立保障协议附录。和平时期，这项工作主要通过对外销售计划来完成。

a．责任分工安排。在北约军事行动之前，派出兵力的各个国家就作战地区责任分工问题达成一致。这种安排的结果可能就是一个国家建立战地医疗设施，另一个国家提供空运能力，其理想状态应该是互利互惠，公正公平，并有法律保障。这种分工安排十分重要，为各方调配可用资源以满足时效性很强的任务需求提供了一个框架协议。

b．标准化协议。北约成员国承诺在多个领域追求标准化和兼容性，实现这个目标的一个办法就是，将通用的技术标准与程序以文件形式编入标准化协议。目前，该标准化协议文件业已形成，涉及从通信程序到为别国飞机加油等诸多内容。很多类似协议还包括标准报销程序。

c. 直接报销。如果没有其他安排，盟国可以依据供应或服务提供国的报销程序协商报销事宜。

d. 采购与交叉维修协议。盟国很多国家与北约维修保障组织之间签有双边采购与交叉维修协议，司令官可按现金支付、以物换物或等价交换程序安排相互支援。

e. 东道国保障报销程序。一旦达成东道国保障协议，联合特遣部队后勤处应向东道国提交一份详细的需求申请，开始协商后勤保障事宜，并与东道国协商费用计算与报账的具体程序，防止出现不合法或未经授权的当场协商产生的协议。此外还必须向国防财会局呈报标准表格1080，并附上充分详细的单据和经过验证的突发战斗费用报告，以支持报销申请。

f. 外国保障报销程序。

（a）外国保障是指由未发生突发战斗的国家向外国部队提供的保障，这种保障通常分三种情况：第一，依据控制战斗的上级组织（如北约或者联合国）的现行规则提供保障。在这种情况下，报账程序遵循现行保障协议。第二，如果美国与接受保障的国家在军事行动之前订有双边协议，可以向其提供保障。美国与其盟国签有很多类似的合作协议。资源管理者必须向法律顾问或参谋评判律师索取一份现行的双边协议，征求其意见，遵循协议中规定的报销程序。第三，依据特意为某次行动协商拟定的协议提供保障。凡协商拟定的保障协议均应包含报账和报销指南。

（b）保障联合国或北约军事行动的报账应遵循该组织确定的程序，依据长期或协商拟定的双边保障协议流程处理账单。资源管理者应根据需要，通过军种资金供应渠道呈报账单。

g. 以物换物援助。以物换物援助是指在符合条件的国家政府之间交换同等价值的物资与服务。这些项目开始是免费提供，但须计算其价值，以备未来偿还。联合特遣部队审计官与后勤处协调制定并贯彻实施程序，跟踪提供保障的价值，以确保在多国军事行动过程中，可以交换同等价值的物资和服务。由于多国军事行动内在的政治敏感性，计算此类经过授权的交换时须格外小心。理想情况下，以物换物的偿还方式不会产生货币利润，所有参与国互惠互利，公正公平。

h. 非政府组织报销程序。非政府组织在军队或政府层级之外运作，但因其工作区域偏远，具有较高风险，常常需要军队提供后勤、通信及安全保障。要与非政府组织一起研究将来需要哪些军事保障（包括供应、服务及援助）。联合特遣部队审计官必须征求法律顾问或参谋评估律师的意见，决定联合司令部总司令是以有偿方式还是无偿方式提供支援。通常情况下，非政府组织都编有财务审计官，指挥官只有在得到批准后，才能向非政府组织提供保障，建议司令部与非政府组织订立偿还协议备忘录。资源管理者应确保如实记录所有保障活动，尤其是油料保障，根据需要向受援组织呈报账单。如果该组织无权支付，应通过军种资金供应渠道上报双方均已签字的单据。

i. 国防部以外的部门和机构的偿还报销程序。国会根据具体需要向国防部提供资金，但是，向美国政府其他部门和机构提供资金保障显得十分复杂。接到保障申请后，资源管理者应征求法律顾问的意见。协议备忘录或机构之间的协议是与机构伙伴建立偿还关系的基础，这些协议可确保只有经过授权才能提供保障，保障与服务活动要计算保障成本。根据需要，通过受援机构并使用标准表格 1080 对账单进行汇编。标准表格 1080 须包含协议复印件。

j. 对非军事部门的军事支援。如果对非军事部门提供军事支援（如抢险救灾），类似联邦应急管理处的联邦机构可向国防部申请保障，经国防部长或联合司令部总司令批准后，援助费用可通过适当部门得到补偿，对此《经济法》或《斯塔佛德法》有明确规定。联邦机构向国防部提供一份资金划拨文件，对申请援助过程中产生的国防部费用予以偿还。

11. 建立内部审计机制

联合特遣部队审计官应在整个联合部队中协调内部审计事宜，确保债务与费用符合相关法律，资金与其他资产受到保护，所有费用账目清晰，单据完整。应尽快建立内部审计机制，但不能影响作战行动。

12. 建立财务援助访查与检查机制

联合特遣部队审计官负责实施财务管理培训、财务管理援助访查和财务管理检查，确保与资源管理相关的所有事宜运作得当，不违反法律。财务管理检查的次数取决于作战行动持续时间的长短。

13. 提供准确完整的会计保障

联合特遣部队审计官应协助军种审计官努力做到使官方会计记录准确无误，并有充分单据佐证，及时解决会计事宜。

第四章　财务保障

经济实力决定战争胜负。

——马汉少将（1905 年）

一、概论

联合作战中的财务保障，是指为支付人员薪酬、签订战区保障合同以及其他特别项目而提供的金融及货币保障。财务保障包括财务分析与建议，帮助联合司令部总司令以最有效的方式使用财务资源。有效的财务保障为圆满完成军事行动提供必要的财务资源。财务保障系统不仅提供现金及流通票据，还要确定支付方法，包括电子资金转账等。

二、财务保障的基本要素

虽然每次突发作战行动都有其实施作战的独特相关因素，但所有作战行动的财务保障均包含以下主要要素。

1. 提供财务意见和建议

联合特遣部队审计官应尽早积极参与联合作战计划的拟定，这对于成功整合各部队的财务保障资源至关重要。联合特遣部队审计官必须首先对作战环境进行经济评估，继而与国防财会局危机协调中心进行协调。国防财会局危机协调中心负责提供建议，担任国防财会局对外的主要联络机构。联合特遣部队审计官根据联合特遣部队财务管理政策提出建议，制订联合作战计划或命令中财务管理附录里概括的财务保障内容。

（1）为了向联合司令部总司令提供完整准确的财务管理建议，联合特遣部队审计官必须对作战区域的经济系统进行分析，确定联合作战对该系统的影响，并就该系统保障联合作战的能力做出预测。为获取所需信息，联合特遣部队审计官应与联合参谋部的情报、后勤及民政部门协调，确保获取信息的申请能够送达相关信息来源部门。联合特遣部队审计官获取信息的渠道包括国务院、当地使馆、财政部、商务部以及中央情报局等机构。

（2）财务分析具体内容包括：联合作战区域的基础设施对后勤保障及金融保障的影响，美元对经济系统的影响，以及应该使用何种货币等。有效和充分利用联合作战区域内可以获得的保障是成功支援联合部队的重要因素。联合作战区域内雇用额外劳动力，采购物资与食品，提供住房、卫生及其他服务，可以让稀缺的战略运输能力用于其他目的。经济评估结果可供资源管理者和财务保障人员使用。经济分析应考虑如下因素（见图 4-1）。

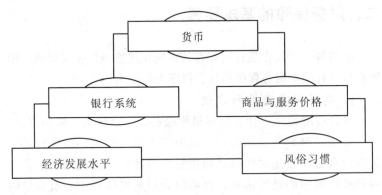

图 4-1　联合作战中经济分析应考虑的因素

（1）经济发展水平。如果经济水平落后，例如实物交换经济，会限制保障能力；相反，高度发达的工业化经济则会提高保障能力。

（2）银行系统。高度发达的经济可以提供现代化的银行服务，如本地货币业务、账户检查及自动取款机服务，还可以用较低的手续费兑换外币或美元。如果当地可以接受政府采购卡业务，则会减少现金需求。甚至还可以建立伙伴关系，通过东道国银行支付账目，还可以利用当地电子资金传输网络开展资金支付业务。上述因素有助于降低向联合特遣部队提供财务保障的成本。

（3）货币。有些货币在公开市场不流通，这在秘密实施的联合作战的早期阶段会产生严重后果。在联合作战的计划过程中，必须尽早确定手头持有的货币量。货币持有量对货币兑换率有重要影响，并在官方汇率与黑市汇率之间产生较大差异。另一个需要考虑的因素是，大量美元的突然涌入会对当地经济产生什么样的影响。

（4）商品与服务的价格。由于联合作战需要技术工人和非技术工人，因此，确定公平合理的劳动报酬十分重要。此类信息还应传达给在联合作战中负责采购的军官。在联合作战的计划阶段或初始阶段，还应该确定商品价格，并向部队传达，目的是向负责采购的军官提供衡量标准，以对未来采购是否合理做出正确判断。此类信息有助于控制联合作战的总体开支。

（5）必须考虑联合作战区域内相关人员的风俗习惯，例如有些国家不接受个人支票、旅游支票或信用卡。

2. 采购保障

后勤保障与临时采购合同对联合作战的成功很重要。财务分队根据需要为就地采购商品和服务提供资金。通常就地采购要比从母站运输更经济。财务分队的很大一部分工作就是实施当地采购。采购保障包括两类：合同保障与商业销售服务保障。

（1）合同保障通常由军种部队的财务分队实施，主要涉及支付合同规定的服务与供应品。财务分队要尽量运用电子商务或电子数据交换的原则，包括尽可能使用电子资金转账支付手段向卖方付款。因为增加就地采购物品的需求会刺激物价提升，接受保障的司令官通常设立后勤采购保障委员会，负责对有限的服务与供应品进行优化排序与分配。下属部队的财务军官应与后勤采购保障委员会通力合作，以消除计划外的物价上涨。

（2）商业销售服务保障用于满足通过现有后勤渠道无法合理保障的需求。如果卖方不接受政府采购卡，通常由财务保障组和支付人采用现金支付，且一般使用当地货币支付。像临时工、粮食补充以及建筑材料之类的服务与供应品，通常通过商业销售服务渠道支付。

3. 提供支付保障

（1）美国军方

联合特遣部队审计官有必要与军种部队指挥官加强协调，促进支付保障，确保所有军事人员得到财务保障。支付保障工作包括：解答报酬方面的咨询，启动各种类型的就地支付方式（如差旅支付），支票兑现，当地货币兑换（见图 4-2）。

①军人参加各种类型的作战行动，忍受艰苦生活，做出奉献牺牲，对此要通过各种津贴方式给予补偿。近年来，联合司令部总司令及其参谋人员越来越多地参与津贴决策的制订，确保参加联合作战的人员得到公平待遇。在联合作战计划初期，认真考虑薪酬津贴问题可确保作战全过程政策的一致性。

美军	解答报酬方面的咨询、就地支付、支票兑现、当地货币兑换。
美国文职人员	差旅费、文职人员工资、支票兑现、外币兑换。
非战斗撤离行动	组织海外美国公民的撤离是国务院的职责,然而有时国务院会请求军方援助,实施非战斗撤离行动。
对其他军队的特殊支付	多国军事行动可能要求向友军人员进行特殊支付,以支援过渡援助项目。
美国之外的工资保障	临时工工资、敌方战俘和拘留的非军事人员生活费、抚慰金、特殊项目保障、移民与难民保障。

图 4-2 支持保障工作内容

②联合司令部的人事部门应与联合部队审计官加强协调,就军人津贴事宜向联合司令部总司令提出建议,包括授权发放临时岗位津贴。有必要在部署初期就确定临时岗位津贴的类型是出差补助、野外执勤以及基本伙食补贴,这样做的目的在于避免相似条件下执行任务的不同部队由于军种部队指挥官的不同决定而享受不同的津贴标准。

③军人工资津贴标准适用于近似条件下执行任务的所有部队。联合部队指挥官应尽早宣布影响津贴发放标准的作战条件,确保所部署的军人对财务方面的待遇有所了解。此类信息非常重要,经常会出现在部署命令中。应尽早申请津贴,以保证联合作战开始时津贴足额到位。确定津贴政策是联合司令部的职责,具体由人事部门依据《国防部财务管理条例》、联合联邦差旅规定及附录"联合作战工资津贴表"制定。

（2）美国文职人员

如有必要，联合特遣部队审计官应制订联合特遣部队指挥官针对美国政府文职人员和承包商的财务保障政策，该政策至少应包括差旅费、文职人员工资报酬、支票兑现、外币兑换以及"联合作战工资津贴表"中所列的各种津贴，其对象包括承包商及其雇员、联邦政府雇用的美国公民、有关非政府组织的雇员、按照命令转移至安全避难所的家属以及其他文职人员。

（3）非战斗撤离行动

组织海外美国公民撤离是国务院的职责，然而，国务院有时会请求军方援助，实施非战斗撤离行动。根据情况，撤离人员包括非战斗军事人员、联邦政府雇员及其家属、国防部人员家属、单独活动的美国公民以及指定的外国人员。

①非战斗撤离行动是一种军事行动，不能与国务院授权或命令的撤离行动等同。后者是认为在存在敌意或威胁的情况下而发布的官方撤离命令。

②各军种和国防部各局负责提供资金，用于建设撤离人员所需的安全避难所。军种部队有权为受命从海外撤离的军人及其家属提供特殊津贴。联邦政府雇员及其家属也有权获得报酬及特殊津贴。财务津贴包括但不限于向个人提供先期支付、差旅费、安全避难津贴以及生存费用津贴。《国务院标准化条例》规定了符合条件的联邦政府雇员及其家属可以享受的差旅及安全避难津贴。《联合部队出差管理规定》明确了军人家属应享受的差旅及安全避难津贴。如果安全避难所位于美国本土，安全避难津贴通常由遣送中心负责支付；如果安全避难所位于海外，该地区的联合司令部审计官可以通过联合参谋部兵力结构、资源与评估处处长（J-8）与联合接待协调中心协调津贴发放事宜。

③符合条件的联邦政府雇员及其家属，依据《联合作战出差管理规定》和《联合部队出差管理规定》，有权转移至最终的安全

避难场所或指定地点，费用由政府负责。依据《国防部财务管理条例》第 12 卷第二十三章"突发行动"的规定，军种部队为撤离符合条件的联邦政府雇员及其家属而担负的费用可向各军种财务部门收取，或呈交国防财会局，由美国政府相关部门报销。其他人员在撤离受影响的国家时，在搭乘军方或军方租赁的撤离运输工具前，须向国务院签署本票，证明其有义务向美国政府偿还费用。

④财务部门可以向支援非战斗撤离行动的人员提供先期支付、岗位津贴和（或）差旅津贴。军种部队指挥官有权向受命从海外撤离的所属军人及其家属提供特殊津贴。联邦政府雇员及家属在受命撤离时也有权获得特殊津贴。美国公民可以通过卫生及人员服务部或红十字会接受财务援助。所有津贴均由负责撤离人员的遣送中心支付。联合接待协调中心是除遣送中心外唯一可以提供分居津贴的部门。家人抵达安全避难所之后，各军种和国防财会局要设立负责后续支付的保障中心。

（4）对其他军队的特殊支付

多国军事行动可能要求对友军人员进行特殊支付，以支援过渡援助项目。联合特遣部队审计官应与联合特遣部队参谋部的相关法律人员加强协调，以加强对其他军队提供保障的力度。联合司令部审计官须确保支付前从国防部取得明确授权与资金额度，并提供给联合部队指挥官。在联合作战计划初期，联合司令部审计官应获取授权协议的复印件，供联合特遣部队审计官使用。美国与盟国或联军伙伴国协商达成协议后，美国负责拨款的军官在紧急情况下，可受命向该国部队的财务官、负责拨款的军官或个人支付货币。此类协议也会要求对方军队向美军提供相应的互惠保障。

（5）美国之外的工资保障

①临时工工资。东道国雇员和临时工的工资通过与东道国达

成协议或者由联合部队指挥官指定的分队指挥官负责支付。联合部队指挥官有权雇用东道国临时工短期工作并支付报酬。如有必要，可交给负责签订合同的军官办理。工资标准由国务院决定，联合司令部如能获取此类工资标准，应在联合作战计划阶段提供给联合特遣部队审计官。

②敌方战俘和被拘留的非军事人员。联合特遣部队指挥官负责向敌方战俘和被拘留的非军事人员支付费用。他可以指定陆军部队指挥官提供货币和其他保障。陆军部队指挥官应建立控制机制，确保适当地从指定账户提存资金。联合司令部审计官必须从联合参谋部获取支付标准，提供给联合特遣部队审计官。在战俘与被拘留的非军事人员问题上，联合特遣部队审计官须加强与参谋评判律师的协调。

③伤害赔偿支付。伤害赔偿支付是指由美国政府以货币方式对非战斗伤害或财产损失所给予的赔偿。伤害赔偿依据《人身伤害赔偿法》《联邦过失赔偿法》《军事赔偿法》《涉外赔偿法》或索赔协议等法规进行支付。索赔由地区索赔办公室处理和裁决，如果涉及外国人员，则由涉外索赔委员会处理和裁决。多数情况下，伤害赔偿不适用《联邦过失赔偿法》，因为它不涉及在美国领土以外发生的作为或不作为，但在美国本土进行的救灾行动通常适用该法。伤害赔偿支付数额巨大，因此，财务部门应对所有伤害赔偿款的划拨和核准事宜担负全责。

④抚慰金。抚慰金是向受伤、死亡或遭受财产损失的人或其亲属给予经济补偿，以减轻其悲伤、痛苦和焦虑情绪。在有些国家，这种支付可以视作文化上向受害者及其家人表示同情和安慰。快速支付抚慰金可以确保当地国民的善意，帮助美国维持与东道国的良好关系。支付抚慰金并不表示承认美国的法律责任。如果当地法规无明文规定，联合司令部总司令负责或者委派事故发生地指挥官负责确定抚慰金数额。承诺或支付抚慰金之前，应咨询

律师的意见。财务部门应对所有抚慰金的划拨与核准事宜担负全责。

⑤特殊项目保障-武器兑换现金。此类项目由联合特遣部队指挥官实施，旨在减少联合作战地区平民手中拥有的武器数量，达到保护部队的目的。该任务具体由情报、作战或宪兵部门负责。联合司令部必须申请专门的资金使用授权，通过联合参谋部贯彻上级指示。国务院同副国防部长（审计官）共同确定具体武器的回收价格和程序。联合特遣部队指挥官可以指定一名分队指挥官具体实施。有关部门将现金划拨支付代理人，支付代理人同订购军官一起从事武器兑换现金交易，再由该部门与支付代理人结账。为实施此项计划，联合特遣部队审计官应购买优惠券。这些优惠券上应注明哪里可以兑换现金。联合特遣部队审计官必须建立内部控制机制，保证此项计划的顺利实施。国防财会局负责确定划拨单证。

⑥其他保障。按照任务需求或协议安排，军种部队财务部门可能需要为移民、难民或迁移的平民提供财务保障。

4. 提供支出保障

（1）职能

支出保障包括但不限于：各种经确认为正确、合理的支付，支票兑现，以及当地货币兑换。

（2）财务机构的建立与控制

经美国财政部批准，司令官、国务院及美国大使馆代表可以共同指定一家东道国银行代理相关业务。军事银行部门或东道国银行业提供金融保障。联合特遣部队指挥官授权在军种部队建立财务管理主要代理，负责购买、提供美元和当地货币，为联合部队指挥官提供支付保障。每个军种部队都可以为支付提供美元和当地货币。联合特遣部队审计官根据需要与指定的东道国银行机构协商、联络，设立有限存款账户，并明确银行业务办理程序。

与东道国银行机构协商时需要与国防财会局及美国财政部协调。

（3）货币控制与保障

①货币控制。根据需要，联合特遣部队审计官负责协调购买并控制美元和当地货币，以保障联合特遣部队指挥官的需求。联合特遣部队指挥官根据美国财政部和国务院的建议，设定货币兑换限额，制定相关政策。

②货币保障包括向美军和多国部队供应美元、外国货币、美国财政支票、外军临时代用纸币，以及在有些情况下供应贵金属（如金银）。如果作战条件允许，也可向指定机构提供纸币和硬币。财务部门为军人、非划拨资金部门以及邮政部门兑换美国财政支票或电子资金转账，并在联合作战过程中为自动取款机供应钞票。各级指挥官应最大限度地使用现有科技手段（包括电子资金转账），力求在作战区域尽量避免使用现金。财务管理主要代理应将资金集中支付机构用于保障所有联合部队作战。资金集中支付机构要确保拥有充足的货币供应，以满足那些无专门财务部门保障的下级单位的财务需求和签订合同需求。

附录一　国防部内的财务管理职责

1. 美国国防部政策副部长办公室

美国国防部政策副部长在国防部内的职责是负责特定的紧急行动（维和行动、海外人道主义援助和非战斗撤离行动），不负责国内抢险救灾行动。助理国防部长（特别行动和低强度冲突）作为撤离管理特别工作组组长，为国防部政策副部长提供国防部支援非战斗撤离行动的全面活动协调，他在其职责范围内确保非战斗撤离行动的现行政策及程序保持最新，包括与美国国务院之间的谅解备忘录。

2. 美国国防部审计副部长办公室

美国国防部审计副部长负责紧急行动的所有财务政策，并与国防部政策副部长合作，共同确定财务保障的最有效方法，此外，他还负责美国国防部从联合国、其他多国组织、其他国家和跨部门合作伙伴及时取得开支报销。国防部审计副部长将与参联会部队结构、资源与评估部协调，确保向司令官及国防部下属各部队下达的警告命令和行政命令中包含财务管理指南，该指南应包含会计和后勤管理规定，以全程记录行动开支、报销账单程序和司令官参谋人员在协调财务管理方面的责任，以及有关特定行动的任何其他财务管理要求。

3. 美国国防部人事与战备副部长办公室

美国国防部人事与战备副部长负责完善非战斗撤离的现行政策及程序，是撤离管理特别工作组的主要成员。

4. 参谋长联席会议主席办公室

参谋长联席会议主席负责向联合司令部总司令传达国防部长的命令，命令通常包括一般性财务内容、按照国防部审计副部长和政策副部长的指示规定财务责任，以及一份界定后勤机构职责的附件。

5. 国防财会局

国防财会局作为国防部财会执行机关，在联合作战的保障中发挥着关键作用。国防财会局负责为联合司令部总司令和各军种提供诸如财会政策、制度、标准和程序等保障。通过财务管理助理部长为联合作战提供直接保障来行使此项职责。此外，国防财会局还负责国防部和军种组成部队作战行动的费用集中结算等业务。

为了方便这项保障职责的发挥，国防财会局特组建了国防财会保障处。该处由国防财会局总部危机协调中心抽调人员组成，是指导和解决问题的唯一单位。它可以协助制订财会计划、政策和程序。此外，该处还负责组织国防财会局的活动，以提升为部署部队提供保障的水平。

6. 各军种、国防部各部门和美国特种作战司令部

各军种是财务管理的支持者，就所有财务管理问题提供指导，并按规定执行。美国特种作战司令部有权对主要部队计划资金的使用实施管理。各军种和美国特种作战司令部按照国会制订的计划分配资金，监督经费的使用情况，并对资金的重新安排提出建议。国防部各单位的负责人负责准备成本估算，并向国防部审计副部长提交预算理由，还要按照国防部审计副部长的政策，向国防财会局提供月度增加成本报告。此外，国防部所属各单位负责向国防财会局每月提供经会计师核准的费用报表、凭证和填妥的记账单据（拨款和/或资金之间转账的标准表格[SF]1080 凭单），用于付款要求的每份协助通知书或发生的费用。

国防部各单位及司令官可根据需要向其下属下达特定财务管理要求，以保障紧急作战，并就这些要求与国防部审计副部长及参联会部队结构、资源与评估部进行协调，以避免发生冲突。它们通常包括成本估算、报告需求以及各单位特有的会计和计账程序。

7. 国防安全合作局

国防安全合作局负责海外人道主义、救灾和民事援助拨款的管理，并监督司令官的人道主义和民事援助项目以及国防部人道主义援助项目。此外，该局还负责提供租赁装备，并在需要时使用对外军售系统和程序来保障紧急作战。当国防部政策副部长下达命令时，国防安全合作局还将对符合《对外援助法案》相关章节要求的那些紧急行动实施保障，此保障是应美国国务院或联合国对军种的要求，为按照对外军售程序租赁的装备提供保障的。国防安全合作局经授权，可以利用对外军售系统网络来提供此保障。

8. 美国派至联合国的使团（军事顾问）

联合国美国军事顾问团办公室，应选定合适的美国机构来支持联合国的援助需求。对于国防部，所有需求都应呈报国防部政策副部长审批和实施。军事顾问办公室是接收国防财会局的账单、向联合国相关办公室传送信息以及必要时答复联合国后续查询的中心。

附录二　联合特遣部队审计官核对清单

1. 简介

联合特遣部队审计官是协助联合部队指挥官处理财务管理问题的特别参谋。下面是联合特遣部队审计官在联合行动计划与执行期间应该考虑的一份核对清单，以及有关财务管理活动的联合行动的各个阶段。各项活动不一定限于单独某一阶段。

2. 塑造、拒止和把握初始阶段

（1）资源管理：

提供资源管理建议及援助；

就实施资源管理的所有保障协议进行分析；

确保成立执行机构；

时刻掌握费用使用情况，并参与参谋人员估算与联合行动计划的制订；

提供财会保障（拨款和非拨款）；

准备附录 E（人员）和附件 3（财务与支出），并就融入保障理念的行动计划和命令进行审查；

审查资源管理保障需求，制定资金管理职责，包括签订合同和采购业务。确保建立计算和汇报成本的机制；

审查机构间财务保障协议；

与联合特遣部队后勤部门协调，确定能否得到东道国保障或实物援助保障，并提出报告及结算要求。与联合特遣部队后勤部门及参谋工程师协调，启动战时军事建设需求或重新计划行动，包括向其他国家采购物资与签署交叉后勤保障协议；

如有必要，设定通过联合国的特殊结算程序来核算额外成本；

根据需要申请特殊拨款；

启动跟踪了解多国保障成本的程序，同时审查报账程序；

根据需要审查成本预算；

与参谋评判律师协调，从法律的角度确保对预算的审查；

如有必要，确定会计与中央资金保障需求；

建立内部管控机制。

（2）财务保障：

对联合作战区域的经济评估结果进行全面分析；

提供财务建议和援助；

确定是否使用外币，并就外币兑换率进行协调；

就支票兑现、紧急支付、货币兑换、为支付机构提供资金、外币兑换、赔偿金、成本资料记录、差旅、文职工资、资金支付以及其他支付保障提出需求；

确定联合特遣部队指挥官为作战行动而指定的临时岗位；

确定可否进行团体旅游；

如有必要，可就预备役或国民警卫队人员的补贴进行协调；

与联合特遣部队人事部门协调，确保补贴标准和保障水平相一致。根据需要，申请前线值勤补贴、火线风险补贴、艰苦岗位补贴、家庭分居补贴、特殊假期补贴、作战区免税以及海上岗位津贴等；

如有需要，为维和机构观察员印发联合国津贴与休假指南；

确定支票兑现限额（通常在当地完成）；

与国防财会局危机协调中心进行协调；

确定银行保障需求；

根据需要，确定外币数额，规范再供应程序；

如有必要，为非战斗撤退行动提供财务保障；

如有必要，可为联合作战区域内的美国和盟国其他组织提供货币资金保障；

协调在东道国银行设立有限存款账号；

为其他索赔准备赔偿金和支付手段；

就法律问题与联合特遣部队参谋评判律师进行协调。

3. 主要阶段

（1）资源管理：

就东道国保障与实物援助中的财务管理问题进行协调；

如有必要，核算成本；

按要求提交各种报告，包括东道国、外国、政府间组织、非政府组织或其他政府机构结算所需的报告；

就法律问题与联合特遣部队参谋评判律师进行协调。

（2）财务保障：

如有必要，实施中央资金（拨款和非拨款）保障；

为签订合同和满足本地采购需求提供财务保障；

控制货币；

如有必要，向敌方战俘或拘押的平民提供支付保障；

如有必要，为满足非战斗撤退行动需求提供财务保障。

按权限为联合部队和多国部队及指定的文职人员提供有限的支付保障；

就法律问题与联合特遣部队参谋评判律师进行协调。

4. 稳定及建立非军事政权阶段

（1）资源管理：

拓宽资金渠道以支撑联合作战；

获取士气、福利与娱乐资金；

必要时确定援助市民资金需求；

就法律问题与联合特遣部队参谋评判律师进行协调。

（2）财务保障：

提供银行业务与货币保障；

按权限为联合和多国部队及指定的文职人员提供有限的支付保障；

提供本地采购或商业销售服务保障；

为联合作战区域内的剩余部队设立工资保障程序；

就法律问题与联合特遣部队参谋评判律师进行协调。

（3）重新部署：

协调拟制保障重新部署的财务管理需求；

终结应急行动资金保障，包括所有开设的有限存款账户。

附录三 作战计划制订指南

1. 概述

本附录可作为比较作战行动时拟制财务管理参谋评估或作战计划财务管理附件的指南。

2. 程序

（1）参谋评估对于规范和更新军事行动以适应形势的要求至关重要。根据战区具体要求和其他因素，联合司令部和主要参谋机构的评估格式和细节有所不同。参谋评估的准备工作可参考《联合作战计划》的附件 B 和《联合作战计划与执行系统》第 1 卷"计划政策与程序"附件 T "计划拟制格式"。

（2）财务管理附件应根据指挥员预期的作战行动，结合联合作战计划进程制定。附件应描述详尽，规范具体，以确保拟定的财务管理规定保障所有基本任务的完成。《联合作战计划与执行系统》第 2 卷"计划程序"规定了作战计划附件的程序和内容。

（3）本附录后提供了一份样文，其中强调了作战计划附件 E（人员）和附录 3（财务与支出）中的财务管理考虑因素。值得注意的是，此样文是按《联合作战计划与执行系统》第 2 卷的格式起草的，从中可以看出对财务管理和资源管理的重视程度有所不同。审计官应确保 3（1）⑮这一部分中的资源管理功能得到充分实现。

作战计划附件 E 附录 3

1. 形势

（1）敌情。参考附件 B "情报"，评估敌军实力和可能的作战行动对财务管理产生的影响。

（2）想定。阐述现实的想定，考虑当前的作战行动对财务管理产生的影响。这些想定与联合司令部总司令、下属联合部队指挥官和军种组成部队指挥官估算作战成本时使用的想定相似。

2. 任务

简明扼要地阐述保障联合作战的财务保障任务。

3. 执行

（1）运行理念。总结作战行动，阐明作战区内财务与分配（财务管理）保障的一般理念。就以下内容提供指南：

①资金保障，建立本地存款账户等；

②签订合同保障协议，提供商业账户和销售服务；

③军人（含现役军人、国民警卫队和预备役）和文职人员工资津贴政策中应特别说明临时岗位生活费补助方法（注意：补助信息应尽快上报军种财务管理部门和国防财会局，因为该信息对于准确发放工资至关重要）；

④外国国民工资；

⑤财务服务保障政策，如货币兑换、支票兑现、临时（本地）支付、A 级代理；

⑥非战斗撤退行动财务保障；

⑦日工工资保障；

⑧敌方战俘的津贴支付保障；

⑨货币与信用控制；

⑩会计、成本核算与报告；

⑪监督与审计；

⑫内部管控；

⑬金融机构；

⑭赔偿金与其他索赔支付保障；

⑮资源管理：资金来源，合同协调，资源管理报告需求以及消费计划。

（2）任务。着力解决军种组成部队完成联合财务管理所需的具体任务。

（3）协调指示。本条包括且仅限于以下内容：

①与相邻司令部和民事机构进行协调，其中包括美国外交使团；

②与东道国、盟军、跨机构伙伴和非政府组织签署协议。

4. 行政管理与后勤

提供后勤与行管保障的财务指南包括以下内容：

财务保障与资金分配；

后勤保障关系；

报告需求；

如果财务管理计划和预计解密的时间在基本计划中没有明确，则须与联合司令部总司令或下属联合部队指挥官的 J-2 协调确定解密时间。

5. 指挥与控制

指挥关系，即确定相关指挥关系；

通信系统，即讨论财务管理需要的通信系统。

附录四　财务管理的法律考虑

1. 简介

本附录提供了若干重要法律的背景材料，它们奠定了财务管理职能的基础。它无意包含一切或成为法律指南的原本。财务管理人员若对偿还债务或付款的合法性存在疑问，应与其军法检察官或法律顾问联系。

2. 财务法律

一般性法律。对于财务管理人员，最需注意的就是财务法律。未能正确应用财务法律原则可能导致未授权的债务或资金开销，会对责任人带来行政或刑事处罚。美国政府承担支付义务须经国会授权。联邦拨款须符合宪法和法律规定。宪法和法律规范了政府责任办公室和其他部门进行财务决策的行为。一旦国会通过一项拨款，并且总统已按法律签署，各部门必须在 10 天内向财政部申请拨款，且管理与预算办公室必须在总统签字后 30 天内进行经费分配。管理与预算办公室向国防部分配资金后，国防部再将资金分配给各军种、美国特种作战司令部或国防部各部门，各大司令部再由其将资金分配给下属各单位。在资金拨付前，必须走分配程序。

美国政府各部和各机关需要国会拨款才能运作。某些情况下，在规定拨款前必须通过授权。拨款是经国会通过并由总统签署的一项法律，它针对特定目的提供预算授权。国会不会通过其他法令或决议（包括预算决议和授权法案）来授权美国政府承担资金义务或债务，或从美国财政部提款。

预算授权是让美国财政部承担支付资金的法律义务的授权。预算授权本身不是钱。只有在一个部门申请（或者国防部发出）电子资金转账或支票，以从美国财政部提款来清算债务时，美国财政部才算实际支付现金。

承诺是在严格的采办指令基础之上，以行政方式预留资金，授权承担支付义务，而无需负责保证资金到位的官员的批准。承诺承担支付义务的授权如果超过拨款额度，就会违反《反赤字法案》。

债务是让美国政府在法律上有义务为所下订单、授予合同、收到服务或进行类似交易而付款的金额。国会将实施财务控制，以限制行政机关承担支付义务和花费划拨资金的能力。资金只能用于其划拨用途，它们只能用于满足财年有效拨款的实际需要。在多数情况下，超过有效使用期后的资金不能用于承担支付义务。若无法定授权，任何人不得超出资金配额。如果要求在收到资金前授予合同，则要"根据资金的可获得性"执行合同，以确保物资能够按时交付。如果使用此条款，要在收到资金后才能接受供应品。

除非法律授权，否则严禁在两笔拨款之间转移资金。指定用于某项一般用途的拨款资金，不得用于支付国会已经特别拨款的其他项目。

继续拨款授权是国会颁布的临时法规，该法规为直到财政年度开始正常财政年度拨款尚未通过、且仍在等待国会通过年度拨款的特定活动提供授权。继续拨款授权的比率不得超过上次国会发布继续拨款授权的比率。如果没有拨款法案或继续拨款授权，或者总统否决某项正式通过的拨款法案，则会产生资金缺口。总检察官决定，如果没有拨款或继续拨款授权，执行部门必须立即停止正常业务行动。未经国防部审计副部长特别授权，不得进行支持新的财政年度债务的支出。

3. 《美国法典》

（1）1870 年《反赤字法案》（修正案）

《反赤字法案》编纂在《美国法典》第 31 章第 1301、1341、1342、1344 和 1511～1517 节中，并根据管理与预算办公室 A-11 号通告《预算的准备、提交和执行》、国防部 7000.14-R 号条令《国防部财务管理规定》和第 14 卷《资金管控和违反反赤字法案》实施。《美国法典》第 31 章包含有关公共资金的使用、控制和会计的基本法律法规。《美国法典》第 31 章第 1301 节规定，拨款资金只能用于既定用途。该章的第 1341 节规定了资金花费和支出的额度。第 1512 节规定了资金的分配数额和预留额度。

《国防部财务管理规定》第 14 卷规定，军官或雇员负担或授权的债务或支出不得超过拨款或分配中的可用金额。政府责任办公室决定，这项法令禁止承担支付义务超出拨款金额，亦不得违反有关法规。军官或雇员在支出或授权支出资金时，如果违反规定，则会受到刑事制裁和行政纪律处分，包括停职、扣薪和开除等行政处罚。善意或误解并不能开脱罪责。

（2）1861 年《供应法案》

《美国法典》第 41 章第 11 节《供应法案》，允许国防部发生的支付义务超出或提前于可用拨款，以确保获得必要资金支持美国武装部队成员执行军事行动。

尽管有关授权被赋予国防部，但前沿部署部队必须准备好在执行紧急行动期间申请紧急承担支付义务授权。部队将通过资源管理渠道提交申请。

4. 《战争法》

《战争法》涉及内容甚广，其中包括敌方战俘的财务问题。有关对待敌方战俘的问题，从如何处理敌方战俘携带的钱款，到如何及何时为其劳动支付报酬，在战争法中都有详细的规定。

5. 1990 年《首席财务官法案》

（1）根据 1990 年《首席财务官法案》的规定，管理与预算办公室及各大部和机关内应建立一个高度统一的财务管理机构。

（2）该机构的主要职责有：

拟制 5 年财务管理系统改革计划；

制备美国政府各部门和机关的审计财务报表，制定财务审计制度，以规范各部门领导的行为；

就财务管理的年度状况向总统及国会报告工作。

6. 1982 年《联邦管理者的财务完善法案》

《联邦管理者的财务完善法案》于 1982 年 9 月颁布，以强化整个联邦政府的内部管控与会计制度，并帮助减少联邦资金使用中欺诈、浪费、挪用和不正之风现象的发生。该法案可使美国政府各部门和机关管理者纠正发现的赤字，并要求美国政府各部门和机关每年查找在执行会计制度上存在的问题及其改进措施。

7. 1994 年《政府管理改革法案》和 1994 年《联邦财务管理法案》

颁布《政府管理改革法案》和《联邦财务管理法案》的目的是建设一个高效、负责任的政府。上述法案规定了向国会报告的法定要求、使用电子转账的支付方式、在 4 个行政机构各建立一项特许基金，以及向管理与预算办公室主任提交年度审计财务报表等内容。

8. 多国行动中的财务管理

财务管理者必须掌握在多国环境中执行任务的法律知识。报销和资金问题非常复杂，需要财务管理者掌握丰富的财务管理知识。

除了适用于每项行动的特定协议外，有关多国行动资金问题的文件应参考国防部 7000.14-R 号令、《国防部财务管理规定》第 15 卷"安全援助政策与规程"以及本出版物的附录六财务管理的有关内容制定。

附录五　财务拨款与授权

1. 引言

本附件阐述国防部和非国防部的机构与程序，并举例说明如何使用这些机构和资金渠道来保障各种联合作战。此外，本附件还讨论了一些有助于充分理解联合作战和多国作战行动中财务保障问题的更为重要的协议。本附件只是一种概述，通常，财务管理者与其法律顾问们在消费任何资源之前，应查询相应的美国法律、规定和指令。

2. 国防部拨款

（1）作战与维持拨款

①目的。这些拨款用于国防部队驻营、演习、部署和作战中的日常开支，但对于有些开支，如大宗终端装备的采购与固定设施的建设费用，有资金限制的门槛。对某些特定的作战行动，作战与维护账户金额用完后可通过国会的追加拨款再实施行动，或由联合国补充资金后再开展行动。

②程序。参联会主席向已得到支援的司令官下达命令，阐述任务需求。通常情况下，已得到支援和将要得到支援的司令官所属军种组成部队，用作战与维持费来保障其所参与的行动。

③实例。作战与维持资金用来部署美军参加索马里、阿富汗和伊拉克的作战行动，还用来建设古巴关塔那摩基地的移民营，以及用于根据总统决定转移移民所需的开支。作战与维持资金在海地支持民主行动的初始阶段还用来恢复政权，修复桥梁。这些开支之所以得到批准，是因为联合司令部总司令得到授权可以将

国防部资金用于完成任务所必需的活动。联合司令部总司令可以决定哪些民事设施的改善对加强美军安全必不可少。

④建设。根据《美国法典》第10章的规定,作战与维持资金可用于上级未指定的小规模军事建设项目,工程额上限为75万美元,有些工程项目上限可达150万美元。自2004财年以来,国会授权可使用未指定的作战与维持资金,用于与作战和应急任务相关的工程建设,这与《美国法典》第10章的规定不同。资金使用的上限可参考现行的《军事建设拨款法》。

（2）军事建设拨款

①目的。国会对军事建设项目的审批十分严格,预算高于既定标准的工程需要专门批准。大型建设工程的资金需要国会专门批准,列入年度《指定军事建设计划》中。军事建设拨款也为部分"未指定的小规模军事建设计划"项目提供资金。相关部长依据《美国法典》第10章的授权,可以动用少量军事建设资金,用于未经国会专门批准的小型工程。工程资金限额不得超过规定的标准额度。军事建设资金可用于未指定的小规模军事建设项目,工程额上限为150万美元。个别军事工程建设额度上限可达300万美元。维护与修理费不能视为建设费,作战与维持开支不受建设费用的限制。维护是防止设施损坏、保持设施处于可用状态的周期性工作。修理是修缮设施,使其可用于原始目的。如果建设、维护和修理三者合为一体,其费用应视作建设供给资金。

②国防部长负责军事建设工程工作,或在法律没有其他授权时授权各部部长负责军事建设工程工作,以在宣战或国家处于紧急状态时保障军队的使用。这些工程资金来自未指定用途的军事建设拨款或家庭住房拨款。详情可参照《美国法典》第10章2803、2804和2808节。

3. 国防部授权

（1）联合司令部总司令批准资金

①目的。该资金用于联合司令部总司令维护地区安全和美国国家安全之目的，可满足联合司令部总司令灵活获取资源、促进地区安全和达成国家安全目标的需要。该资金来自作战与维护资金和军人拨款。

②程序。联合司令部总司令负责在既定政策和法律指引下对传统活动直接实施监督，国防部和相关部门负责实施政策监督。

③实例。联合司令部总司令批准资金的使用范围包括：进行军事联络，实施国家伙伴计划，举办地区会议与论坛，开展部队交流，进行参谋援助与评估，选派联合军演观察员以及组织双边参谋会谈等。

（2）司令官初始资金

①目的。司令官初始资金用于保障本财年中新出现的未列入计划的司令官资金需求。具体包括：实施指挥与控制，举行联合军演，提供人道主义和民事援助，对外国军人以及相关文职人员进行军事教育与训练，参与双边或地区合作会议的防务人员所需费用等。

②程序。司令官就某项需求向参联会主席申请资金。

③实例。此授权曾用于向卢旺达联合特遣部队提供通信保障，以及在古巴关塔那摩基地修建移民营时的初始保障。

（3）人道主义援助（《美国法典》第10章2561节）

①目的。本条款授权拨款用于运输美国政府采购的人道主义救援物资和在全球范围内实施其他人道主义援助之目的。

②程序。拨款主要用于人道主义援助。目前，国防安全合作局管理这些储存在海外人道主义救援、救灾以及市民援助账户里的资金。联合司令部总司令向联合参谋部提出申请，由国防安全合作局和助理国防部长（特别行动/低强度冲突）审查批准。

③实例。1993年至1994年曾向美国欧洲司令部提供人道主义援助资金，用于向伊拉克北部难民运输主副食品和宿营物资。

（4）向国外运输人道救援物资（《美国法典》第10章402节）

①目的。本条款规定了军方在某些条件下运输非政府的私人捐献的人道主义救援物资，这种援助通常被称为"邓通计划"，由美国国际开发署、国务院和国防部共同管理。

②程序。国防部授权运输由非政府组织和政府间组织为人道主义救援目的而捐助的物资。这种运输通常不收费。运输物资前，国防部必须确保该运输符合美国外交政策，适合人道主义目的并处于可用状态，物资送达对象有合法人道主义需求，物资用于人道主义目的，非政府组织或政府间组织已在目的地国家做出物资分配的妥善安排等。国防安全合作局负责管理该运输计划与经费。联合司令部总司令应向联合参谋部提出申请，由国防安全合作局审批。

③实例。1994年，世界救援会等非政府组织曾发出倡议，向卢旺达运输食品和衣物。

（5）与军事行动同步提供的人道主义和市民援助（《美国法典》第10章401节）

①目的。本条款允许军种部队在国外开展人道主义和市民援助行动。援助行动必须促进美国和东道国的安全利益并增强参与美军的战备能力。人道主义和市民援助限于法律规定的四大领域：在一国农村或医疗服务水平不发达的地区提供医疗、牙科、外科和兽医服务，包括与此类服务相关的教育、训练和技术援助；交通基础设施建设；钻井和基本卫生设施建设；公共设施基础建设与维护。人道主义和市民援助项目不能使任何参与军事或准军事活动的个人或组织从中得利。

②程序。人道主义和市民援助项目必须由东道国政府提出申请，由美国使馆、国务院、美国国际开发署和国防部提供保障。经费从各军种的作战与维持费中支出。整个活动由国防部助理部长（特别行动/低强度冲突）实施监督。

③实例。人道主义和市民援助项目曾在埃塞俄比亚、肯尼亚、吉布提、巴拿马、海地和孟加拉等地实施。

（6）紧急与超常支出（《美国法典》第10章127节）

①目的。本款授权国防部长和陆、海、空军各部部长为超出预期的活动提供紧急与超常支出，这笔支出在作战与维持拨款中作为紧急与超常支出经费加以明确。根据既定需求，每名部长均掌握不同额度的经费。紧急与超常支出经费主要用于保障某些特殊任务需求。

②程序。经费数额十分有限，为防止滥用，仍需监管，包括需要报知国会。联合部队指挥官或联合特遣部队审计官可以通过熟悉情况的联合司令部总司令申请经费。联合司令部总司令要求军种部队指挥官提供经费。如果只有紧急与超常支出经费而没有其他经费保障某项行动，军种部队指挥官通常可以通过军种司令部向陆、海、空军部长申请经费。这种授权并不提供现金或外币。如果从事某项活动需要外币，应通知军种的财务军官以获取相应货币。

③实例。在巴拿马"正义事业行动"中，曾使用该条款用于回购武器。在海地"巩固民主行动"中，开始也引用该条款用于购买武器。通常情况下，授权包括特种作战、罪犯调查和情报搜集等。这些申请必须视情况逐项批准。

④官方代表资金。

A. 目的。有时需要以官方名义支持外国军队，如国庆日庆典、司令官交接以及向外军司令官提供的特殊伙食或礼品等。

B. 程序。有关此类经费的情况可参考军种规定或指令。

（7）采购及交叉服务协议（《美国法典》第10章2341～2350节）

①目的。根据本条款，在经过与国务院协商后，国防部可以与北约国家、北约下属机构、其他指定符合条件的国家和联合国

订立协议来进行物资交换、结算后勤保障所需资金。本款仅限于后勤保障的采购与销售，不包括大宗成品装备（如卡车、武器系统等）。根据《美国法典》第 10 章 2350 节之规定，国防部有权处理一般用途车辆和不列入美国武备清单中的重大军事装备，例如车辆、通信装备和训练辅助器材等。国防部根据此授权可以不通过《武器出口控制法》渠道采购或转移后勤保障物资，这是一项有限的专门针对国防部的授权，该授权使其既可以不通过商业合同程序采购后勤保障物资，也可以不通过《武器出口控制法》渠道转移后勤保障物资。

②程序。经与国务院协商后，国防部可以与北约国家、北约下属机构以及其他指定符合条件的国家订立协议来实现后勤保障、物资与服务的互利互惠，但大宗成品装备除外。采购与转移的方式为现金支付、实物交换或等价交换等。实物交换或等价交换必须在后勤保障物资交付之日起 12 个月内完成，超过 12 个月，必须以现金支付。

③实例。在索马里"恢复希望行动"的早期，本条款曾被广泛运用，在卢旺达也曾应用本条款向法国领导的联合维和行动提供物资供应与服务。此外，采购及交叉服务协议还曾在波斯尼亚和科索沃得到使用。

（8）外国灾难救助（《美国法典》第 10 章 404 节）

①目的。根据本节内容，总统可授权国防部长根据需要向美国以外的其他国家或地区提供灾难救助，以应对人为或自然灾害，防止人员伤亡或对环境造成严重破坏。国防部可以动用空运能力或快速部署能力来解决全世界范围内因自然或人为灾害引发的人道主义问题。依据本节法律提供的援助内容可以包括运输、物资、服务和装备等。

②程序。本法规定，在某些条件下可以为人道主义救援行动提供军事运输保障。

③实例。本法曾用于向巴基斯坦地震灾民提供毛毯、水和交通工具以及在东南亚帮助海啸灾民撤离。

（9）多余非致命物资（《美国法典》第 10 章 2557 节）

①目的。多余非致命物资可用于人道主义救援目的。

②程序。国防部应向国务院提供多余非致命物资，以用于分发。

③实例。本款可用于向人道主义救援行动提供医疗物资、食品和装备等。

（10）指挥官紧急反应计划（《公共法律》108-375 第 1201 节）

①目的。实施指挥官紧急反应计划的目的，是便于伊拉克和阿富汗的指挥官们在其作战区域内快速应对紧急人道主义救援和重建局面，立即协助当地灾民开展救援行动。

②程序。参考《国防部财务管理规定》第 12 卷第 17 章"指挥官紧急反应计划"。本章内容贯彻《公共法律》108-375 第 1201 节的精神，为指挥官执行紧急反应计划申请经费程序提供详细指南。

（11）补充的国防部授权。新的公共法律和修改的《美国法典》不断向国防部补充授权以保障联合作战行动的实施，如《公共法律》109-289 第 9008 节规定的联合运输分配权，《美国法典》第 10 章第 127b 节规定的报酬权，《美国法典》第 10 章第 166b 节规定的反恐备战主动权。联合部队审计官应征求各军种、国防部长办公室以及法律人士意见，以确定保障联合作战哪些授权可用，并了解相关程序和指南。

4. 其他授权

（1）调用权

①本授权可以为应对不可预见的紧急情况或需求提供国防部物品、装备、军事教育与训练，也可以提供国防部的服务保障，例如军事交通运输和军人卸载船只等服务保障。本授权不能用于

签订新合同或采购物资。如果从经济上考虑，国防部可引用该条款来签订商业空运或海运合同，但不能向外国或政府间组织成员提供住房和食品。

②1961 年的《对外援助法》包含三项调用条款，均需要总统决定并以某种形式通知国会。每个财年在一定限额内可以使用。依据这三项条款，提供的所有物品和服务的成本按"对政府的完全成本"办法进行计算并报告国会。计算的成本包括与该调用相关的所有军人和文职劳动力的完全成本。尽管这些授权限于现有的国防库存，但以低于重新采购的价格调用可能需要重新采购的物资来进行补充，这类授权通常并无资金保障。

③调用权得到批准后，有关法规要求总统向国会报告货物或服务调用的程度。有关报告由国防安全合作局负责起草。

④使用该授权时，国防安全合作局通常以两种方式指导供应物资：第一，可以集中打包，发送到需要的外国军队；第二，可以通过行政命令，指令将某些货物提供给具体的外国军队。

A. 为不可预见的紧急情况使用调用权（《对外援助法》第 506（a）（1）节，《美国法典》第 22 章 2318（a）（1）节）

a. 目的。根据《对外援助法》506（a）（1）节的有关规定，出现不可预见的紧急情况时，可以无偿向外国或政府间组织提供军事援助（国防物品与服务和军事教育与训练等）。是否存在《武器出口控制法》或其他法律不能解决的不可预见的紧急情况，需要总统决定，并提前报告国会。维和是公认的可以动用此调用授权的行动。

b. 程序。通常由美国驻外使馆提交申请，呈递国防部。作战司令也可以通过联合参谋部计划部门向国务院或国家安全委员会转达需求。一旦批准，国务院起草文件报请总统批准。调用授权批准后，国防安全合作局为国防部管理该计划，并提供详细会计操作程序。

c. 实例。在海地"巩固民主行动"中，此授权曾用于向出兵的诸多国家提供车辆和个人装备，并在美国进行干预之前向多米尼加共和国提供装备，用于维持边界安全。本授权还曾在波斯尼亚、伊拉克和东南亚海啸救援中得以运用。

B. 为维护国家利益使用调用权（《对外援助法》第 506（a）（2）节，《美国法典》第 22 章 2318（a）（2）节）

a. 目的。总统可以为反毒品、救灾、反恐行动提供军事交通运输保障，本授权可用于签订新合同或采购物资。从经济上考虑，国防部可引用该条款来签订商业空运或海运合同，但不能通过合同提供住房和食品保障。依据本款，总统可授权调用国防物品和服务用于救灾和反毒品目的，并依据 1962 年《移民、难民援助法》（《美国法典》第 22 章 2601（c）（1）节）之规定，用于向难民和移民提供援助。执行调用权是否符合国家利益，需要总统决定并提前报告国会。

b. 程序。同为不可预见的紧急情况下使用调用权。

c. 实例。总统曾用此权向为卢旺达提供对外人道主义援助的非政府组织提供空运服务，并为国防部净水设备、发电机和其他相关设备提供军事空运与海运保障。在应对中美洲米奇飓风灾难的"坚强支援行动"中也曾得到广泛运用。

C. 维和行动使用调用权（《对外援助法》第 552（c）节，《美国法典》第 22 章 2348 节）

a. 目的。为应对不可预见的紧急情况，保障维和行动，总统可以从美国政府任何部门或机构调用商品并提供服务保障。本授权可用于签订新合同或采购物资。从经济上考虑，国防部可引用该条款来签订商业空运或海运合同，但不能用于提供住房和食品。是否存在不可预见的紧急情况需要立即提供援助由总统决定并提前报告国会。

b. 程序。同为不可预见的紧急情况下使用调用权。

c. 实例。此授权曾用于向巴勒斯坦人提供车辆以支持与以色列的和平行动；在秘鲁、厄瓜多尔边界争议中曾考虑向多国观察员提供直升机保障；为支持重建索马里警察部队，曾提供 25，000，000 美元的援助。

⑤更多调用权使用指南，见《安全援助管理手册》（DOD5105.38-M）C11.4 段和《国防安全合作局对外援助法手册》国防物品与服务的调用权。

（2）对外军售授权（《美国法典》第 22 章 2761～2767 节）

①目的。对外军售是向符合条件的政府间组织和外国政府销售防务物品和提供相应服务。这是向盟国、友好国家和政府间组织销售、租借防务物品和提供服务的主要授权。

②程序。政府间组织或其他国家可以通过协议通知书与国防部订立对外军售合同。通常，缔约国提前向国防部支付所有费用和行政附加费。对外军售和采购与交叉服务协议是国防部租借防务物品和提供服务的唯一途径。租借通常按有偿方式处理，但如果租借对象超过其正常服务年限的四分之三，可以按无偿方式租借。

③实例。此授权曾用于向伊拉克出售小型武器、飞机和车辆，在索马里租借装甲运兵车、坦克和直升机给联合国部队使用。相关装备和修理部件的销售依据 607 号协议执行。

（3）转让过剩防务用品授权（《美国法典》第 22 章 2321（j）节）

转让过剩防务用品授权是销售或无偿转让国防部不再需要的过剩防务用品，优先向符合条件的北约国家、位于北约南翼和东南翼的盟国和菲律宾转让。

（4）经济援助资金《对外援助法》第 531 节，《美国法典》第 22 章 2346 节）

①目的。提供经济援助资金的目的是，根据美国特殊的经济、

政治或安全利益而向他国提供的援助。大多数经济援助资金以现金许可转移的方式帮助其他国家改善支付的平衡，其他部分用于进口美国商品并用在其国内的发展项目上。经济援助资金仅限于经济计划项目，不能用于军事或准军事目的。

②程序。总统有权按照规定的条件和方式为其他国家和组织提供援助，以促进其经济发展或政治稳定。通常，国务院直接向有关国家提供资金，但按照《对外援助法》第632节的规定，国务院也可以通过协议向国防部提供资金。该协议由审计副国防部长和其国务院的同行拟定。如果联合司令部总司令需要这笔资金，可以与联合参谋部计划部门联系。

③实例。此授权曾用于支付索马里警察薪金，在海地曾用于向多国部队支付多种费用以及特殊交通费用等。

（5）维和行动资金（《对外援助法》第551节，《美国法典》第22章2348节）

①目的。维和行动资金是根据美国的国家利益而向友好国家和政府间组织提供的援助。总统有权按照规定的条件和方式为其他国家和组织提供援助，以保障维和行动和计划的实施。此类援助包括偿付国防部按照《联合国参与法》第7节（见4h段）规定所产生的费用。

②程序。通常，国务院直接向有关国家提供资金，但按照《对外援助法》第632节的规定，国务院也可以通过协议向国防部提供资金。该协议由审计副国防部长和其国务院的同行拟定。如果联合司令部总司令需要这笔经费，可以联系联合参谋部计划部门。

③实例。国务院曾动用本授权向海地和多米尼加共和国边界的军事观察员中的非美国成员提供食宿保障，还曾在海地用于支付不能从国防部现有仓库中调用的装备物资（《对外援助法》第506（a）（1））。

（6）国际军事教育与训练（《对外援助法》第541～545节，

《美国法典》第 22 章 2347（e）节）

①目的。为外国军人和相关文职人员提供军事教育与训练。

②程序。国务院从东道国政府获取受训申请，转达至国防部。如果联合司令部总司令希望为责任区内的国家提供军事教育与训练，通常可以通过大使馆安排。联合司令部总司令还可以向联合参谋部计划部门提出跨机构审查的建议，一旦得到国务院批准，国防部可以通过国防安全合作局直接提供服务。如果国防部无法直接提供服务，可以动用国际军事教育与训练资金予以保障。

③实例。很多外国防务和非防务机构通过国际军事教育与训练途径受训。通过参与这种训练，他们接触到美国的价值观。

（7）提供服务和商品（《对外援助法》第 607 节，《美国法典》第 22 章 2357 节）

①目的。本款授权美国政府部门或机构向友好国家、政府间组织、美国红十字会和经美国国际开发署注册批准的志愿性非营利救援机构提供服务和商品。

②程序。

A.国务院从联合国和其他国家获得商品和服务申请，审查后经国防部助理部长（战略和需求）转达至国防安全合作局来执行。国防安全合作局批准运输商品后，国防财会局向联合国或其他组织递交账单，由后者结算费用。法律规定，每次依据本款保障一项新的行动时必须单独做出决定，决定权在国务院和美国国际开发署署长。

B.依据第 607 节条款，保障一项新的行动都需要单独协商并缔结协议。第 607 节协议提出了提供援助的条件和方式，在索马里、前南斯拉夫共和国、卢旺达和海地的联合国行动中均得到应用。

③实例。国防部曾运用本款保障参与卢旺达维和和人道主义行动的联合国行动、非洲一体化组织和第三世界友好国家。在"安

全边界行动"中，秘鲁和厄瓜多尔同意结算美国因提供监督双方边界的观察员小组而产生的费用。

（8）《联合国参与法》第 7 节"联合国非战斗援助"（《美国法典》第 22 章 287（d）（1）节）

①目的。本节条款可以保障联合国维和行动。本款允许国防部向联合国行动提供人员、非致命装备、物资和服务。

②程序。联合国向纽约的美国驻联合国代表签发协助通知书。美国驻联合国代表向国务院呈递协助通知书，国务院审查后附上批准意见和资金建议一同转发国防部，由审计副国防部长协调联合国的申请。批准后，国防部会指定一个军种来贯彻落实该协助通知书。

③还款。通常，向联合国要求还款，但如果总统发现情况特殊或者符合美国国家利益，也可以放弃还款，国务院在与国防部协商之后也有权放弃还款。

④实例。国防部在向柬埔寨、安哥拉和西撒哈拉的联合国行动提供支援保障时曾使用本条款。

（9）《对外援助法》第 628 节和第 630 节（《美国法典》第 2388 节和第 2390 节）

①目的。与《对外援助法》第 628 节规定的目的相符，总统可以授权美国政府部门的领导任命一名军官或雇员担任政府间组织的参谋或为该组织提供技术、科学或专业建议或服务。提供的人员数量不限。本款内容被作为派遣美国军人执行维和任务的依据。

②还款。第 628 节内容的还款问题按《对外援助法》第 630 节之规定办理。美国的政策是：国防部对与联合国行动相关的增量成本应予结算。

（10）《经济法》（《美国法典》第 31 章 1535 节"部门间协议"）

本法规定跨部门交易的一般授权。当没有其他法律允许保障部门提供所申请的商品或服务时，可进行跨部门交易。《经济法》更多内容见附录七"财务管理的跨部门考虑"。

（11）1988 年《斯塔福德灾难救援与紧急援助法》（《美国法典》第 42 章 5121～5206 节）

①目的。《斯塔福德法》规定，美国政府以持续有序的方式援助各州政府及当地政府，帮助他们履行减轻灾难损失的责任。

②程序。应灾难发生地州长的请求，总统可宣布进入紧急灾难或重大灾难状态，同时动员联邦政府提供援助。《斯塔福德法》要求结算国防部因提供支援而产生的增量成本。批准权限和报告要求依据所申请支援的期限和种类而定。总统可命令美国政府任何部门以结算或不予结算的方式完成任务。

5. 协议

（1）联合国协议通知书

①联合国协议通知书由联合国签发，授权某个参与国向联合国维和部队提供商品或服务。联合国协议通知书会详细列出参与国提供商品或服务的内容，并设定资金上限。可与联合国协商，如果对双方都有利，可在一般保障协议通知书中开列更加通用的物品种类，如生活用品、油料和零部件等。协议通知书可开列出多种物品或服务。协议通知书被联合国视为合同文件，必须经联合国战地行动处处长署名签发。

②依据《联合国对各参与国指南》和协议通知书中规定的联合国标准程序，联合国结算各参与国因其参与活动而产生的费用。如有可能，联合国应在部队实际部署前批准各参与国的行动。未经联合国事先同意而采取行动、部署军队或提供物品或服务，联合国通常不予结算。只有经安理会批准和联合国大会授权合法的行动，其费用才有资格获得结算。

（2）协议备忘录

协议备忘录是参与行动的国家或组织间界定各自职责的协

议，该协议对需要结算费用的机制作了详细阐述，例如，联合部队合作参与一项军事行动时就需要使用该协议。这种情况下，可以向同美国签订协议备忘录的外国军队提供保障。美国国防部与外国国防部或政府间组织签订协议备忘录必须有具体的法律授权，并依据适当程序协商拟定。

（3）国务院资金（632协议）

①目的。国务院与国防部可协议商定由国防部先出资保障依法本应属于国务院职责保障的需求。该协议称为"632协议"。该协议通常为某个具体项目而商定签署的，并附有具体的资金数额。一旦签署，国防部有权就该项目而发生的费用获得结算，单据汇总后送到国务院进行结算。

②实例。国防部使用该协议并由国务院结算的例子包括：向外国军队支付薪金，向外国军队提供"506（a）（1）调用权"中未涉及的保障，将外国士兵紧急撤离至美国医疗设施的费用，以及向外军提供特殊饮食安排等。

附录六　财务管理的多国因素考虑

1. 概述

多国军事行动是指由两个或两个以上国家实施的军事行动，通常在联盟或联合框架内组织。联盟是指两个或两个以上国家为达成拓展成员国共同利益而缔结正式协议（如条约）的关系；联合是指两个或两个以上国家采取共同行动的特殊安排（如自由伊拉克行动参与国）。

在不同的多国军事行动中，财务考虑因素也大不相同。有些安排类似于下面第二段联合国行动中的安排，其他财务安排必须依据具体联合协议、谅解备忘录或技术协议实施。在计划阶段，尽早与多国伙伴协调财务安排很重要。通常，财务安排由指定的美国后勤与资金部门负责，如，由指定的部门向支持伊拉克和阿富汗军事与维稳行动的联军提供物资、服务、运输与后勤保障，和依据采购与交叉后勤保障协议向伊拉克和阿富汗的外国部队租借军事装备，以提高其防护和生存能力等。

像维和与外国人道主义援助这样的军事行动，已从传统意义上以威慑和作战为特征的军事行动样式中有所发展。在危机应对、有限应急作战以及重大行动和战役中，政府间组织和非政府组织起着越来越重要的作用。美国参与这些行动的程度取决于国家层面达成的目标。

2. 联合国授权行动

（1）很多军事任务由联合国决议或联合国宪章授权实施。《联合国参与法》第 7 节（美国法律）授权支持联合国维和行动。该授权允许国防部向联合国行动提供人员、非致命武器装备、物资供应和服务。依据《联合国参与法》第 7 节,向联合国部队提供保障并不需要缔结协议,但通常为便于财务结算都有正式协议,如第 607 协议、第 628 协议、联合国协议通知书等。

(2)向联合国提供的任何保障必须事先得到联合国负责资金官员的许可,通常是首席行政官或首席采购官。因此,未经联合国事先批准(如在指南、协议备忘录、口头或具体记录或一般协议通知书中明确规定)而产生的活动以及部队部署所需费用,联合国通常不予结算。通常,各参与国与联合国订立的协议包括各方的详细财务职责。美国的地位通常由国防部与国务院协调商定。

(3)《美国法典》第 10 章第 405 节禁止直接或通过美国其他部门或机构将国防部拨款资金提供给联合国用于维和行动。国会在《国防授权法》中规定:向其他国家或政府间组织提供国防物品或服务用于联合国维和行动、国际维和行动和人道主义援助行动,应提前 15 天报告国会。

(4)参加联合国授权的军事行动时,有一种文件对财务管理至关重要,这就是现有的有关各参与国的长期协议。这类文件比较笼统,规定了在没有更为具体和特别商定的情况下,联合国愿意为哪些行动支付费用。尽早了解此类文件有助于准确结算美国参与联合国行动的费用。以下列举了一些联合国程序中规定的保障安排。

①部署前行动。为部署准备人员和装备是派兵国的职责,包括将人员装备运至装载点所需的准备费用。如何向联合国结算这笔费用依据事先与联合国的协商而定。

②部署与重新部署行动。联合国可以负责所有部署和重新部署费用,这些活动可以由派兵国政府组织,但具体安排必须事先得到联合国同意。派兵国提供的交通运输须经与联合国协调和同意。如需结算,额度仅限于联合国调动兵力所需的费用。

③自给阶段。每一支出兵国部队在联合国部队提供保障前，在作战地域必须自我供给。自给阶段发生的正常费用由联合国予以结算。所有部署部队在部署初期实现食品、水与油料方面的自给保障时间不得少于 30 天，其他物资保障不得少于 60 天。

（5）联合国申请保障的另一个途径就是通过协议通知书。联合国协议通知书详细规定了派兵国应提供哪些保障，并设定了资金上限。如果对双方都有利，经与联合国协商，一般性保障的协议通知书内容包括生活必需品、油料和修理部件等。协议通知书被联合国视为合同文件，必须经联合国授权官员签发。

（6）经批准的协议通知书由联合国发给美国驻联合国代表，再由美国军事顾问决定该由哪个美国机构接受该项申请。所有申请均须呈送国防部负责政策的副部长审批。国防部负责政策的副部长指定适当的组织负责，并向该组织和国防财会局提供协议通知书复印件。国防财会局负责保管协议通知书。

（7）协议通知书不能视作付款指令，联合国通常也不会预付资金用于该项申请，因此，协议通知书不会指定哪个部门有义务兑现该汇票。军种部长必须动用现有的作战与维持资金或其他拨款来满足需求。

（8）联合国人员报告。联合国向派兵国补偿参与人员的费用，具体包括支付每月基本工资与津贴、服装与装备补贴，以及专家的额外工资等。

3. 北约行动

（1）背景。北约是参加相互防卫条约的国家联盟（包括美国）。《北大西洋公约》第 5 条规定：对任何成员国领土完整的袭击均视作对所有成员国的袭击。尽管北约联盟的主要任务仍然是相互防卫，但最近北约已将其活动范围扩展至成员国领土以外的支持和平任务。根据联合国申请，所有成员国一致同意，可以采取第 5

条之外的行动。

（2）北约资金用途。北约完成任务的基础是其成员国自愿出兵出力。与联合国不同，北约不会偿付维和部队费用或以任何其他方式承担参与国的费用。因此，与支援北约行动的国家预算相比，北约作战预算数额较小。北约资金一般仅限于在作战地域建立并保障北约司令部。特殊情况下，北约国家的资金既保障北约司令部，又保障作战地域所有参与国部队（如建立通信系统，保障主要物资供应线畅通和港口工程完好无损）。北约作战司令部可以设立多国后勤中心，以协调作战地域部队的此类行动。

（3）北约资金来源。作战地域部队的保障由各国自己负责，资金来源由各国自己解决。特殊情况下，如果北约认为应当为某种费用结算，应通过北约司令部呈递需求，并将该笔费用纳入以上所述的预算方案。北约主要通过以下两种渠道向其指挥与控制机构提供资金。

①北约安全投资计划。一般用于保障作战地域基础设施的重大投资，如基础设施或通信系统的建设等。这些工程由北约作战司令部工程师负责。由北约有关部门审定后，报请比利时布鲁塞尔北约司令部北约基础设施委员会审查。资金逐项审批后，专款专用。

②北约军事预算。为保障作战地域北约司令部作战与维护费用的正常渠道，北约作战地域司令部资金需求由财务控制官收集，汇总成作战预算。预算由北约有关机构审查后，呈送比利时布鲁塞尔的军事预算委员会。资金依据提交的开支计划审批。但一般情况下，各预算项目之间可有一定的灵活性。

（4）集中合同。为减少作战地域资源的竞争，北约司令部可以收集汇总整个作战地区的需求，以便于同当地商贩签订协商订购协议。该协议通常会确定价格、订购程序和支付手段，但不会确定采购物品的数额。尽管盟国通常也能以与北约作战司令部相同的条件订立合同，但协议的存在并不排除各个国家可以协商订立它们自己的双边合同。然而条件是，北约不会为各国需求埋单，各国订购物品所需费用由其直接向商贩支付。

附录七　财务管理的跨部门考虑

1. 综述

（1）意图。本附件旨在描述适用于按照《美国法典》第 31 章第 1535 和 1536 节《经济法案》，由一个美国政府机构向另一个美国政府机构购买物资之交易的政策和规程。这些交易主要涉及军种之间、部门内部和各机关之间进行的支援保障。需要提供物资或服务的机构或客户提出申请，向提供服务或保障的另一机构获取这些物资或服务。在国防部内部，《经济法案》订单通常通过下发国防部 448 表格"军事跨部门采购申请"来执行。

（2）非经济法案订单。某些情况下，国防部机构可以使用非经济法案授权，例如采办服务基金或特许基金，向非国防部机构下达物资或服务订单。此类订单不如《经济法案》订单那样普遍，主要包括手续费或类似费用。本附件重点讨论根据《经济法案》所下订单。

（3）概要。《经济法案》为美国政府机构提供授权，以便从另一个美国政府机构（包括军事部门和国防部机构）订购物资，并为此支付实际费用。国防部下属单位内的机构可以向同一单位内的另一机构订购物资。

（4）法律权力。

①根据《美国法典》第 31 章第 1535 节之规定，美国政府部门或机构的领导或主要建制单位的领导，可以向同一机构或另一美国政府部门或机构订购产品。条件是：

A. 拥有可用资金；

B. 提出申请的机构或单位的领导认为订单符合美国政府的最佳利益；

C. 完成订单的机构或单位有能力提供订购物资所需的资金；

D. 机构领导认为，若由企业提供所订购的物资，会不方便或不划算。

②《美国法典》第31章第1536节规定了各行政机构之间可以提供的采购付款信用，用于替换现有存货，但以下条件除外：

A. 另一项法律授权该笔金额应当记入其他某项拨款；

B. 执行机关的领导认为无需替换，在这种情况下，收到的金额作为杂项金额被存入美国国库。

③根据《美国法典》第10章第2205节之规定，在《美国法典》第31章第1535和1536节下从国防部拨款中报销收到的物资，可记入机构的拨款中。

（5）限制。由于以往存在的不正之风，因此对《经济法案》订单的使用实施了限制。《经济法案》订单不得用于回避使用资金的条件和限制，包括延长所述资金的可用期。《经济法案》下的采购应当符合《联邦采购规定》第7.3节"承包方与政府绩效"的有关规定。《经济法案》不得用于进行与美国政府机构的权力或责任构成冲突的采购。建制单位不得使用《经济法案》订单从其同一机构指挥官领导下的另一建制单位订购物资，而让该机构的指挥官通过使用资金为所需物资出资。

2. 启动《经济法案》订单

（1）只要满足《美国法典》第10章第1535节规定的所有条件，美国政府部门、机构或下属单位领导就可以启动《经济法案》订单。

（2）决定和结论要求

①一般而言，《经济法案》的所有订单必须有决定和结论性语言予以支持，以证明跨部门采购符合美国政府的最佳利益。

②由非国防部机构提供物资或服务的《经济法案》订单还要在决定和结论一栏里附上一份声明，说明提供的物资或服务符合以下一项或多项规定：

A. 采购在下订单之前，应根据服务机构签订的有效合同合理进行，以满足服务机构对相同或类似物资的需要；

B. 服务机构拥有在申请机构内无法获得的此类物资签订合同的能力或专业知识；

C. 提供物资或服务的机构获得法律法规的具体授权后，方可为提出申请的客户采购此类物资。

（3）在跨军种保障中，若提出申请的机构领导认为有利于美国政府的最佳利益，且提供服务的机构领导认为其有能力提供保障而不会损害特定任务，则国防部机构应向另一国防部机构提供所需保障。这要通过签订一份保障协议来落实。国防部机构之间的协议一般不需要其他书面决定。

（4）政府内部间的保障。如果需要保障的主要建制单位领导认为有足够的资金来支付保障，且此举又符合美国政府的最佳利益，而对方有能力提供保障，从市场上获得保障不方便或不划算，且与其他部门的权力没有冲突，国防部机构可以与非国防部机构之间签订保障协议。此项授权可以委托，但是被委托人的级别不得低于将官或相应职衔。

3. 《经济法案》订单的使用

《经济法案》订单可用于订购任何适当且合法的必要物资，但要符合以上第1和第2段及以下第4段的规定。具体使用包括但不限于：

（1）跨军种保障协议。此类协议一般用于但不限于基本保障（主—客）服务，例如：行政管理服务、平民服务、社区服务、环保服务、消防、饮食服务、卫生服务、邮电服务、警务服务、安保服务以及仓储服务等。

（2）政府内部协议。主要包括不按照其他法定授权向国防部以外的美国政府机构提供的保障。

4. 政策

（1）具体、明确和可靠。《经济法案》订单（跨军种和政府内部保障协议）在订单所包含的工作和订单本身条款方面都应当具体、明确和可靠。

（2）用途的可用性证明。《经济法案》订单受到诸多财务限制。然而，执行单位可能并不知道所有此类拨款限制。因此，提出申请的官员应为《经济法案》订单提供或随附一份证明，说明《经济法案》订单所要花费的资金主要用于订单规定的物品使用用途。

（3）拨款政策。

①承担支付义务。提供服务的机构收到订单后，提出申请的机构或单位将根据《经济法案》订单，以适用的拨款承担支付义务。当订单被接受后，提出申请的机构将按照可报销订单的全额承担支付义务。

②取消支付义务。各机构应当核算《经济法案》订单的承担支付义务情况，并根据需要，在资金有效期结束前，对未用资金取消支付义务，这非常重要。如果在提出申请或订购的机构的拨款使用有效期结束之前，提供服务的机构或提出订单的单位还没有提供物资或服务，或者还没有与另一实体签订所申请物资或服务的授权合同，经提出申请的机构和提供服务的机构双方同意，可以取消资金支付义务。

（4）工作启动。提供服务的国防部机构或建制单位接受《经济法案》订单后，要在规定时间内根据订单启动工作。

（5）禁止。使用《经济法案》订单时不得违反法律法规或商业合同规定。下达《经济法案》订单时不得延长拨款的使用有效期。

5. 订购和付款程序

（1）订购程序。只要提出申请机构和提供服务机构双方同意，在《国防部财务管理规定》第1章第010204段第11A卷《报销操作、政策和规程》的基础上，可以采用任何形式的《经济法案》订单。在国防部各机构之间，一般使用军事跨部门采购申请下订单。国防部表格448-2用于证明接受采购申请。双方一般通过商议来决定资金使用。《经济法案》订单应包括：

①对所订购的物资或需提供服务的描述；

②物资交付要求；

③资金使用（直接或报销）；

④付款规定，包括与国防部采购卡相关联的账号；

⑤适当的采购授权。

（2）付款程序。完成订单的机构或单位提交书面申请或账单后，应立即付款。付款可在所订购的物资交付前进行。在付款前，提交的账单或付款申请不必接受审计或认证。机构领导在所提供物资的实际费用的基础上达成一致后，可以提前对金额进行适当调整。

（3）小额付款

①当拨款资金机构是执行者时，在国防部相同机构内或给国防部另一机构开账单的金额不到1000美元，则开账单的机构可以将账单暂缓至财政年度的年底，或者直到账单总额超过1000美元。然而，即使开账单的所有暂缓金额不到1000美元，也要在财政年度年底前结账。

②当向非国防部机构开账单的金额不到1000美元时，开账单的机构可以将账单暂缓至财政年度的年底，或者直到账单总额超过1000美元。然而，即使开账单的所有暂缓金额不到1000美元，也要在财政年度年底前结账。

6. 报销

（1）拨款资金。提出申请的机构必须向提供服务的机构支付物资或服务的实际费用。实际费用包括所提供物资或服务的所有直接费用，无论提供服务机构的开销是否增加。此外，实际费用还包括与向申请机构提供物资或服务有关的间接费用（管理费）。当物质或服务外包时，提供服务的机构不得要求超过签订和管理合同实际费用的服务费或收费。《国防部财务管理规定》第 11A 卷第一章第 010203 段规定了《经济法案》订单的账单政策和规程。付款应按照以上 5-b 段进行。

（2）营运资本基金机构。在营运资本基金下提供服务的国防部机构的应报销费用应按照《国防部财务管理规定》第 11B 卷"报销操作、政策和规程"—"营运资本基金"来实施。

7. 会计

（1）《经济法案》订单可以作为资金订单下发，其中提出申请的机构为提供服务的机构确定拨款资金，用于已申请的合同或应报销订单。提供服务的国防部机构不应将《经济法案》订单作为类似于分配的资金来管理或记账。《经济法案》订单的拨款类账目应由提出申请的国防部机构依据《国防部财务管理规定》第 3 卷"预算执行—预算资源的获得和使用"、第 15 章"预算资源的收入和使用"来实施。

（2）在营运资本基金的资助下提供服务的国防部机构，其行动应按照《国防部财务管理规定》第 11 B 卷记账。

（3）报销的账单应按照《经济法案》订单中所列的每个项目逐一确定费用。此类账单应符合国防部"灵活付款"的使用要求。

附录八 战区保障外包行动的财务 管理规定

1. 计划

对紧急外包的财务保障通常只与战区保障外包有关。外部保障和系统保障外包付款并非由部署的财务官实施。对于战区保障外包，负责外包的军官必须了解有关特定行动区内战区保障外包行动的合法授权、资金惯例及任务。提前计划和准备对战区保障外包工作的成功至关重要。如果是部署，外包责任人必须按照特定的任务和地点具体说明组织要求。

2. 部署

（1）先头部队。负责采办职能的军官和负责外包的军官应随先头部队一同抵达战区，以便立即开始采办。根据任务，先头部队可以包括一名财务军官、资源管理人员和一名法律顾问。

（2）典型的组织结构。负责外包的军官将与为外包职能提供协助各机构进行协调（例如法律顾问、资源管理及民政事务）。在部署初期的组织结构中就应包括紧急外包军官和财务管理人员。

3. 提供资金

（1）资源管理和外包关系。相关的资源管理人员将通过签字证明来确认资金到位。资源管理人员、会计军官和外包军官在任何类型的紧急行动中均须紧密配合，以确保资金到位、充足且簿记完整（会计交易）。

（2）财务保障和外包关系。负责外包的军官必须与财务军官和会计军官协调，以确保补给和服务能够得到及时付款。无论采用何种采购方法（例如信用卡、采购订单—发票凭证、空白采购协议、采购订单或合同），在敌对作战环境中执行行动的承包方都可以要求立即付款。所有外包文件上都必须有会计数据。

4. 负责外包军官的凭证限制

对于紧急行动，负责外包的军官应提供所有必需的外包服务和补给，以持续保障紧急行动。在多数情况下，负责外包的军官无权承包不动产或重要建筑设施的采购或租赁。

这些特定的工程外包职能在保障行动期间通常被委派给负责一般工程任务的外包军官（例如，美国陆军工兵部队）。

5. 外包的收尾工作

随着任务即将完成，负责外包的机构将开始外包收尾工作。地区外包办公室将对外包与采购活动进行收尾，并将没有交付的外包合同转移到指定的外包办公室。负责外包的一组人员仍将留在作战区，直到外包需求停止，且采购活动终止。财务管理保障必须继续进行，以处理外包的权利要求和付款，并对任何剩余资金取消支付义务。

有关紧急外包的更多详细讨论，请参阅联合出版物 4-10《行动外包保障》。

附录九 联合作战的工资待遇表格

以下工资待遇表格列举了军人和文职人员享有的主要工资待遇，内容不完整，而且会有变动。军种部队在参战前应告知当时的工资待遇政策。

表附九-1 联合作战工资待遇表

工资待遇	参考文件	备注
基本工资	《美国法典》(USC) 第 37 章 203、204、1009 节	根据级别而定
基本住房补贴（BAH）	《美国法典》(USC) 第 37 章 403、405 节；《联合联邦差旅规定》(JFTR) 第 10 章	预备役如果被招入现役支援应急作战，应享受全额基本住房补贴（BAH）。对于其他部署和非应急作战，预备役人员需服现役 30 天以上方可享受全额基本住房补贴（BAH）。如非应急作战部署低于 30 天，则按预备役部队比例享受基本住房补贴（BAH）。
基本生活补贴（BAS）	《美国法典》(USC) 第 37 章第 402 节；《国防部财务管理规定》(DODFMR) 7a 第 25 章	执行临时任务（与长期变更单位差旅无关），180 天内临时野战或海上任务，基本单位伙食或团体旅行的现役人员可以在其长期单位保留基本生活补贴（BAS）。

工资待遇	参考文件	备注
差旅选项和/或出差津贴	《联合联邦差旅规定》(JFTR);《联合差旅规定》	作战司令决定定期临时岗位、基本单位伙食或野战岗位。出差津贴和附带费用支付根据不同地点而有所不同。
敌火补贴	《美国法典》(USC)第 37 章第 310 节、《国防部财务管理规定》(DODFMR)7a 第 10 章;《国防部指示》(DODI)1340.9	指挥员（最基层指挥员较合适）发布敌人火力的详细陈述和/或敌人地雷爆炸事故（指出有权享受敌火补贴的每名成员），向财务保障办公室呈递证明材料,并抄送地区作战司令。如果在国外因敌人火力和/或敌人雷场爆炸引起死亡或受伤,死亡证明或受伤报告就足以证明。
急迫危险补助（IDP）和危险补助	《美国法典》(USC)第 37 章第 310 节;《国防部财务管理规定》(DODFMR)7a 第 10 章;《国防部指示》(DODI)1340.9;《美国法典》(USC)第 5 章第 5928 节;《国务院标准化规定》(DSSR)第 650 章	需明确指定哪些具体地理区域为急迫危险补助（IDP）区域,经国防部长办公室批准方有效。危险补助对象为伴随美国军队进入急迫危险补助（IDP）区域的文职人员。
艰苦地区岗位津贴	《美国法典》(USC)第 37 章第 305 节;《国防部财务管理规定》(DODFMR)7a 第 17 章;《国防部指示》(DODI)1340.10;《海外差异津贴法》(PL86-707)第二章;《国务院标准化规定》第 510 章	补助对象仅为在指定（外国）地区工作的现役和文职人员。

工资待遇	参考文件	备注
家庭分居津贴	《美国法典》（USC）第 37 章第 427 节；《国防部财务管理规定》（DODFMR）7a 第 27 章	与家属分居超过 30 天
特殊假期增加	《美国法典》（USC）第 10 章第 701、702 节；《国防部指示》（DODI）1327.6	如在急迫危险补助（IDP）区域部署 120 天以上或执行指挥员下达的直接保障任务人员可以增加不超过 120 天的假期。
作战地区免税	《美国法典》（USC）第 26 章第 112 节；《国防部财务管理规定》（DODFMR）7a 第 44 章。	士兵、士官基本工资免税，军官按士兵最高免税额执行，作战地区由行政命令指定，符合条件的危险岗位，在 PL104-117 中曾为波黑的应急作战行动中指定，在 PL106-21 中曾为前南斯拉夫的应急作战行动中指定。
符合条件的危险岗位地区免税	《公共法律》（PL）104-117,1996 年 3 月 20 日；《公共法律》（PL）106-21, 1999 年 4 月 19 日；《国防部财务管理规定》（DODFMR）7a 第 44 章 440102-440103	
海上岗位津贴	《美国法典》（USC）第 37 章第 305a 节	资格依据级别和海上岗位时间而定。
联合国补贴、假期、差旅费和/或任务生存津贴和岗位津贴	《国防部长备忘录》1994 年 1 月 27 日；《国防部长备忘录》1994 年 12 月 1 日；《联合联邦差旅规定》（JFTR）第一卷 u4155 和 u9302 段	美国人员在执行维和任务时可能不能够直接从联合国处获取补偿。有关联合国假期的规定适用特别准则。

工资待遇	参考文件	备注
存款储蓄计划	《国防部财务管理规定》（DODFMR）7A 第 51 章	存储金额不超过 10,000 美元，年利率 10%
DODFMR	《国防部财务管理规定》	
DODI	《国防部指示》	
DSSR	《国务院标准化规定》	
JFTR	《联合联邦差旅规定》	
PL	《公共法律》	
USC	《美国法典》	